U0958372

Transportation Drives China's New Urbanization

交通运输引导新型城镇化发展思路及对策研究

■ 崔敏 / 王显光◎编著

人民交通出版社股份有限公司
China Communications Press Co.,Ltd.

内 容 提 要

本书从城市群、中心城市及小城镇几个层面，提出了交通运输引导新型城镇化发展的思路及对策，包括：针对不同发展阶段、类型特征的典型城市群，提出了区域间、区域内部的交通发展思路与重点；针对实现管理一体化、规划一体化过程中的综合运输体制改革，提出了中心城市交通发展思路对策；对各种类型小城镇的交通规划理念、方向、重点及方法给予了具体指导。

图书在版编目（CIP）数据

交通运输引导新型城镇化发展思路及对策研究 / 崔敏，王显光编著. — 北京：人民交通出版社股份有限公司，2018.7

ISBN 978-7-114-14791-3

Ⅰ. ①交… Ⅱ. ①崔… ②王… Ⅲ. ①城市交通运输-影响-城市化-发展-研究-中国 Ⅳ. ①F299. 21

中国版本图书馆 CIP 数据核字（2018）第 124242 号

书　　名：交通运输引导新型城镇化发展思路及对策研究
著 作 者：崔　敏　王显光
责任编辑：韩亚楠　朱明周
责任校对：孙国靖
责任印制：张　凯
出版发行：人民交通出版社股份有限公司
地　　址：（100011）北京市朝阳区安定门外外馆斜街 3 号
网　　址：http://www.ccpress.com.cn
销售电话：（010）59757973
总 经 销：人民交通出版社股份有限公司发行部
经　　销：各地新华书店
印　　刷：北京鑫正大印刷有限公司
开　　本：720×960　1/16
印　　张：9.25
字　　数：100 千
版　　次：2018 年 7 月　第 1 版
印　　次：2018 年 7 月　第 1 次印刷
书　　号：ISBN 978-7-114-14791-3
定　　价：49.00 元
（有印刷、装订质量问题的图书由本公司负责调换）

前　言

新型城镇化是现代化的必由之路，是我国最大的内需潜力所在，是经济发展的重要动力，也是一项重要的民生工程。《国家新型城镇化规划(2014—2020年)》对我国未来城镇化的发展路径、主要目标和战略任务进行了全面指导。交通运输是引导地区经济发展、优化城镇体系结构、推进城镇化发展的必要条件和先行领域，是新型城镇化发展的重要影响因素，两者之间互相影响、互为因果、紧密联系。准确研判新型城镇化特点，开展交通运输引导新型城镇化发展思路及对策研究，对把握未来交通运输发展的方向和要点有着重要意义。

2013年4月，交通运输部将"'十三五'期交通运输引导新型城镇化发展思路及对策研究"列入"十三五"规划类交通运输科研经费项目，开展了专题调研和研究。"'十三五'期交通运输引导新型城镇化发展思路及对策研究"联合课题组研究承担单位为交通运输部规划研究院和交通运输部科学研究院，研究单位课题负责人为崔敏和王显光，主要成员有崔敏、范振宇、王显光、王婧、高永亮、李艳红、廖娟、朱超、高翠、张男、武平、孙小年、徐园、赵羽、李聪等。

该研究获得了交通运输部的高度重视和大力支持，按照交通运输部党组安排，在原交通运输部副部长翁孟勇同志亲自带队和主持安排下，交通运输部政策研究室同规划司、道路运输司、交通运输部规划研究院、交通运输部科学研究院等部门和单位，先后赴江西赣州、江苏南通、浙江湖州、湖北武汉和鄂州、河南郑州和新乡等地，实地调查城镇化发展进程中交通运输发挥的功能与作用；与当地政府部门和交通主管部门召开座谈会，了解新型城镇化对交通运输的需求和存在的突出问题，形成实地调查报告3份、研究报告2份，完成了调研报告，以此为基础准备了交通运输部参加中央城镇化工作会议和国家新型城镇化建设座谈会的会议材料，形成了研究总报告《"十三五"期交通运输引导新型城镇化发展思路及对策研究》，专题研究报告《国外城镇化背景下交通运输引导城镇化发展的经验借鉴》。该项目获得了2016年度中国公路学会科学技术奖二等奖。本书是"'十三五'期交通运输引导新型城镇化发展思路及对策研究"系统成果的总结和提炼。

本书从城市群、中心城市及小城镇几个层面，提出了交通运输引导新型城镇化发展的思路及对策，包括：针对不同发展阶段、类型特征的典型城市群，提出了区域间、区域内部的交通发展思路与重点；针对实现管理一体化、规划一体化过程中的综合运输体制改革，提出了中心城市交通发展思路对策；对各种类型小城镇的交通规划理念、方向、重点及方法给予了具体指导，为"十三五"期间综合交通运输发展规划提供了决策支持，并促进相关部门制定了交通运输发展推进新型城镇化发展的相关政策措施。

目　　录

1 交通运输与城镇化的相互关系

1.1 交通运输与城镇化之间的影响机理

交通运输发展与城镇化进程都有各自的规律及动力机制,两者的相互关系主要是在动力机制层面。

1.1.1 交通运输发展的动力机制及城镇化对其的影响机理

交通运输发展的动力主要靠需求拉动(客货运输需求)和供给条件(资金、资源投入、技术进步、制度创新等)推动。城镇化一方面通过改变客货运输需求的数量、质量、结构和空间布局,从而拉动交通运输发展;另一方面通过改变交通运输供给的条件,如资源投入的理念方式、技术进步、制度创新,推动了交通运输发展。

1.1.2 城镇化的动力机制及交通运输对其的影响机理

城镇化是以农村人口比重下降和城市人口比重上升为表征,以产业结构从农业经济向工业经济、社会结构从农村社会向城市社会、人类聚居场所从农村形态向城市形态转化为本质的演进过程,其发展的动力源于经济、社会、产业、技术等要素的发展演进。交通通过促进经济稳定发展、促进建立和谐稳定的社会、促进城镇布局优化、加强区域协调合作，对城镇化的发展形成动力。

综上所述，城镇化与交通发展互为因果、密不可分。二者之间通过经济要素的作用和影响，实现不断的反馈和系统调整。二者之间互动发展过程示意见图 1-1。

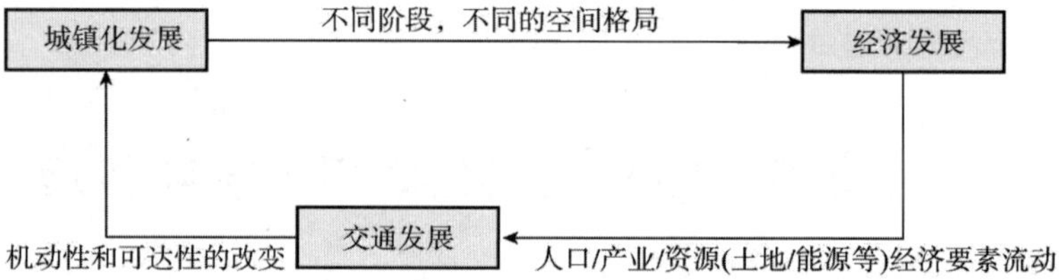

图 1-1 城镇化与交通发展的互动性

起初，交通路线作为人流和物流的运输通道，对人口有很大的吸引与聚集作用，从而影响城镇、特别是小城镇的发展和布局。沿交通路线逐步“生长”出一些加工工业品或农产品交易的地区，也就是我国古代所谓“城市”的“市”，“交通—城镇”系统空间格局初步形成。伴随着城镇功能的拓展，引发更多经济要素向城镇集聚，如人口、产业、土地(供开发)、能源、原材料等，而人们之间的交流、产成品输出等又呈现向外扩散的态势，城市辐射功能日渐增强……这些都对交通提出了更多、更高的需求，交通与城镇发展的矛盾也逐步激烈。这种矛盾推动着“交通—城镇”系统空间的重新布局。通常，伴随着新一轮交通的改善，机动性和可达性又一次达到前所未有的水平，城市又具备了新的发展空间和要素集聚、扩散能力，结果是原有交通线路往往成为内部道路，城市路网和城际交通得以拓展完善，城镇化继续向高级阶段演化。

上述互动过程描述只能是一个“一般性”的概括，可以归结为一个近似循环的发展过程：城镇化发展的早期阶段——呈现一定“交通—城镇”系统空间——引发要素的集聚和扩散——引发交通供给新需求——机动性和可达性得到改善——城镇化的新阶段。

一般而言，在城镇化发展演化过程中，在“细小的量变”尚未引起“重大的质变”之前，城镇空间格局往往会表现出一定的稳定状态，也就是所谓的“城镇化(空间格局)发展阶段”。此外，当强大的外在因素(如地理限制、国防战争、户籍管理、工业化政策等)发挥作用时，这种“交通—城镇”系统空间的互动过程会暂时“休眠”或“突变”，有时甚至出现倒退、扭曲等。

1.2　交通运输与城镇化不同阶段的关系

交通运输与城镇化之间的关系在不同的阶段是不一样的。国内外诸多学者对城镇化发展阶段以及演变规律做了多方位多角度的探索。比较著名的有 Northam 提出的城镇化呈三个阶段“S”形曲线发展过程、美国经济学者 J. 弗里德曼提出的工业化与城镇化演变空间机制理论、J. Gottmamm 提出的大城市带理论和我国学者杨吾杨提出的城镇空间结构演进的四阶段论等。在此基础上，可归纳出城镇空间发展演化大体分为四个阶段：

一是点状分散发展阶段。在工业化初级阶段，投资主要集中在有区位优势的个别城镇，开始产业集聚。各城镇间表现为独立的空间拓展特征，城市沿区域交通干线分布，各城市吸引范围有限，城市间的功能联系仅限于交通沿线狭长地带。交通线以外的城镇与交通轴上的城市联系相对松散。

二是轴向主导发展阶段。在工业化中期(如重化工阶段),城市投资拓展的力度迅速扩张。依托交通干线的大城市扩散和聚集作用加强,大城市之间的相向发展趋势显现。中心城市快速发展,并将周边的小城市纳入空间整合范围,中心城市与交通主轴外的边缘城市联系加强。

三是区域共生发展阶段。在工业化成熟阶段,往往区域中形成若干大城市,城镇空间格局由简单核心结构逐渐演变为多核心结构,其他地区也开始发展,逐步形成一个区域性的市场,构成了区域城镇群的经济基础。此时各大城市均拥有各自的经济腹地,相互之间产业经济、人员往来更加密切。中小城市的专业化特征显现。更多的边缘城市融入城镇群中。此阶段区域层面的综合交通系统初步建立,并发展成为若干条城镇发展联系轴。

四是大都市连绵区发展阶段。这个时期具有以上三个阶段明显的景观差异特征,是高度城市化的连片发展地区。区域中城镇发展首尾相连,城镇功能融为一体,各城市职能分工日趋明确,内部的产业转移和“分包加工”效应明显。核心城市对城镇群乃至整个区域的综合服务、管理能力已经显现,若干大城市配合核心城市发展出各自的综合服务职能。此阶段,交通快速化、技术扩散化、人员流动化、信息通畅化的特征十分明显。大都市连绵区是城镇密集地区的城镇化向高级阶段发展后所出现的空间结构形态。

交通需求在城镇化的不同时期表现出了不同的需求特点。

1.2.1 城镇化初期

此阶段,第二产业逐步发展,其GDP(地区生产总值)在城市经济结构中占最大比重,农业所占比重开始萎缩。这一时期城市经济、生活对交通需求的质量要求不高,城市机动化水平偏低。人们出行的主要目的多是为了谋生,生活出行只有在十分必要的情况下才会发生。因此,这时的客运需求主要以生产性客运需求为主,旅客生成密度和客运强度处于低水平阶段,增长也比较缓慢。交通结构中居民以非机动车方式出行比例最大,出行范围较小,城市客运交通压力不明显。

1.2.2 城镇化中期

此时,农业 GDP 在经济结构所占比重迅速下降,第三产业 GDP 所占的比重上升。商品经济发展的速度加快,发展水平提高,劳动生产率提高,而人口增长速度也相对较快,人均收入水平有较大幅度的提高,余暇时间也有所增加。此时除了以谋生为目的的出行继续增长之外,以消费为目的的出行,如以消遣、娱乐、增长知识、扩大视野为目的的出行,呈现大幅增长的趋势,并且运输网趋于完善,汽车拥有量也在增加,人们越来越多地将乘坐不同交通工具、途经不同地点的不同交通线路作为旅行的目的之一,甚至个人驾车出行也成为旅行的内容。这一时期不仅生产性客运需求在继续增长,消费性客运需求更有加速增长的趋势,因此旅客生成密度和强度迅速增长。

1.2.3 城镇化后期

这一时期,农业 GDP 在经济结构中比重下降至 3%以下,城镇空间形态联系密切的都市群模式得到发展。在大生产、集约化、规模经济和基础设施有效共享等原则作用下,产业带、城市经济圈等形成了大都市地区。城际交通的需求日益增长,交通的便捷性将以时间半径来度量,城际交通越来越频繁,同时,人们更加重视环境保护和节约资源。因此,快速、准时、高效的轨道交通和路面快速公交系统倍受现代都市民众的欢迎,也是大城市解决日益严重的城市交通问题的最有效手段。因此,发展运量大、速度快、节能、环保的公共交通系统,成为这一阶段改善交通系统的根本策略。

该阶段,旅客生成密度的增幅进入低速阶段,甚至出现停滞。这是因为:经济发展水平虽然在进一步提高,但人口出生率下降;人们生活水平的提高主要表现为生活质量提高;电子计算机和现代通信手段的进一步发展替代了一部分旅行需求;由于出行距离急剧增加,对交通工具的要求逐渐提高,更追求快速、安全、准时、舒适,客运需求由数量增长型阶段进入质量提高型阶段。

1.3 新型城镇化背景下交通运输可以发挥的作用

传统的城镇化发展大多是依河、依港、依贸易、依产业、依交通干线形成。分析国内外城镇化发展历史可以看到,一个国家和地区的地形地貌、资源禀赋、历史文化等多种因素决定了其城镇的分布,而交通运输则发挥着缩短时空距离、改变区位条件等作用,影响城镇化的格局,促进城镇形态的形成。内河运输为主的时代,人口沿河集聚,城镇化沿航道发展;航运时代,大量港口城市兴起,形成了沿海、沿江产业带;铁路、公路运输兴起,一些依托交通枢纽的城市陆续涌现。19 世纪 40 年代前后,一些欧美国家经历了随着工业化加快推进,城市化快速发展的阶段,一大批城市(如德国鲁尔区的塞尔多夫、多特蒙德、杜伊斯堡、埃森等)依靠当地的资源优势以及水陆交通运输的便利条件,在工业发展的过程中吸引了大量的投资和劳动力就业,沿公路、铁路和河道不断向外扩展,人口规模迅速增加，由工业化前的中小城镇或村庄快速发展成为大城市。交通运输在推动城镇化发展中发挥了重要作用，这一点在中国城镇化发展进程中也得到了体现，交通运输是城镇化的必要基础条件，主要体现在以下几个方面。

1.3.1 增强了城际联系，支撑了城市群的发展

1.3.1.1 推动了我国城市群及城镇化格局的形成

国家公路网、国家铁路网、“两纵三横”水运主通道、枢纽机场和港口共同支撑了我国城镇化体系的发展格局。其中，高速公路、高速铁路构建了具有全国性政治、经济、国防意义的干线路网，连接了国家和区域性经济中心，带动了城市群的发展；国家干线公路、干线铁路实现了首都辐射省会、省际多线连通，推进了中小城镇的发展；400 万千米的农村公路实现了县城、乡镇、村庄的连接，促进了农村和乡镇的发展。综合交通运输网络有力地支撑了京津冀、长三角、珠三角三大城市群的快速发展，并影响带动了一批具有极大发展潜力的城镇群发展，如辽中南城镇群、山东半岛城镇群、中原城镇群、武汉城镇群、成渝城镇群、海峡西岸城镇群等。

1.3.1.2 促进了以产业为核心的城市群发展

发达的交通网络加速了产业集聚，是吸引产业投资的首要因素之一，我国的城市现代产业集群大多沿着交通走廊展开。如：长三角的沪宁、沪杭高速通道与沿线的城镇及产业一起构成了长三角的两个主要发展轴，集聚了长三角三分之二的城市和约 80%的经济总量；长江中游城市群的武广高铁推动了粤港澳地区资本向内陆腹地转移，湖南、湖北两省都将承接珠三角产业转移作为经济发展的重点；成渝城市群的成遂

渝、成安渝等交通线，推进了成渝经济区的发展，促进了内陆的对外开放。此外，交通大通道也加快了生产资料和产品的流动，促进了贸易的快速发展和统一、开放市场的形成，促进了以产业为核心的城镇化发展。

1.3.2 拓展了城市空间，推进了中心城市的发展

1.3.2.1 服务了城市空间拓展，增强了中心城市的辐射力

伴随着城镇化发展的进程，城市人口和产业的集聚使得城市规模不断扩张，城市尤其是百万人口及以上大城市、中心城市的城市空间不断拓展，由中心城区向周边郊区扩展，形成新城区。快速铁路、城铁、快速公交线等快速交通方式以及私人小汽车、轨道交通等现代化交通运输工具的发展，加强了新、老城区之间的联系，扩大了城市居民的出行范围，服务了城市空间的拓展。同时，交通运输信息技术的创新和发展，如公众出行信息服务系统、"一卡通"系统、公共交通智能调度系统等先进技术的应用，提升了城市居民出行的便捷性。2012 年全年我国城市客运系统运送旅客达 1228.44 亿人次，其中公共汽电车、轨道交通、出租汽车、客运轮渡分别完成 749.8 亿人次、87.29 亿人次、390.03 亿人次、1.31 亿人次。

1.3.2.2 打通了城市与国外市场的联系，增强了城市的竞争力

改革开放以来，我国已深度融入全球经济发展一体化并参与国际分工合作，国际竞争的能力日益增强，这与交通运输的发展密不可分。目前，我国与世界 100 多个国家地区和 1000 多个港口有航空、海运往来，其中，空港的发展为我国城市带来了大量人流、物流，吸引了大量国外投资者及国际游客，海运承担了我国 90%以上的外贸货物运输量。交通运输国际通道打开了我国与国外市场联系的大门，推进了我国中心城市在

更广阔空间的发展。

1.3.3 促进了城乡联系，带动了小城镇的发展

1.3.3.1 密切了城乡联系，带动了县域经济发展

十六大以来的十年间，全社会投资1.6万亿元用于农村公路建设，99.97%的乡（镇）和99.55%的建制村通有公路，为国家统筹城乡发展奠定了基础。农村公路的建设改变了农民生产生活的落后状况：农村客运班车和城乡客运一体化，方便了农民出行；发展农村物流，农产品的“卖难”和农用物资的“买难”问题得到有效解决；促进了现代农业的发展和农产品的就地深加工；完善了小城镇功能，壮大了县域经济，促进农村剩余劳动力更多、更快向外转移就业。

1.3.3.2 促进了城乡社会文化交融，促进了人口的城镇化发展

交通环境的改善，极大影响和改变了城乡居民的思想观念和生产生活方式，开放意识、开拓精神和一体化水平不断提升，文化更加包容开放、生活更加丰富多彩，促进了城乡文化、社会文化的进一步融合发展，更加有利于农业人口城镇化。

2 新型城镇化对交通运输发展的要求

2.1 新型城镇化发展趋势及其对交通运输发展的要求

新型城镇化已经成为我国未来经济发展的重要推动力，坚持走中国特色新型城镇化道路，推进以人为核心的城镇化，推动大中小城市和小城镇协调发展、产业和城镇融合发展，促进城镇化和新农村建设协调推进，优化城市空间结构和管理格局，增强城市综合承载能力，对交通运输发展提出了更高更新的要求。

2.1.1 新型城镇化的内涵

2.1.1.1 推进以人为核心的城镇化

以人为核心的城镇化一方面是因为扩大内需等城镇化红利，需要通过将农民转变为城镇居民充分释放出来，农村土地适度规模经营、发展现代农业，也需要大量农村人口转变为城镇人口才能有效推进；另一方面是指城镇化是人类社会自身发展的过程，城镇化使人从土地的束缚中解放出来，人的发展舞台由传统乡土亲缘拓展到整个社会，要适应现代产业发展、文明进步、社会生活，就必须转变人的思想观念、提高人的能力素质。

2.1.1.2 推动大中小城市和小城镇协调发展、产业和城镇融合发展,促进城镇化和新农村建设协调发展

其主要原则是多层次相互促进、协调发展,即城镇化要体现一盘棋的思想,要打破二元结构,形成优势互补、利益整合、共存共荣、良性互动的局面。农村可以为城镇的发展提供有力支持,形成坚强后盾,城镇化可以为农村的发展提供强大动力,从而全面拉动农村发展。不能以牺牲农村的发展来谋求城镇化的进步。此外,中国地域辽阔、情况复杂,发展很不平衡,所以中国城镇化实现的途径还应当是多元的。中国东中西部不一样,山区、平原不一样,不同的发展阶段要求不一样,不同地域特色不一样,不能强调甚至只允许一种方式。与产业发展的关系处理也应该有多种方式,有的是同步,有的可能要超前。

2.1.1.3 优化城市空间结构和管理格局,增强城市综合承载能力

城市空间结构主要涉及经济布局、就业岗位、人口居住、资源环境以及现有开发密度和发展潜力等因素,这是增强城市综合承载能力的基础保障。优化城市空间结构就是基于上述各种资源要素现状,实现要素的最佳组合,例如鼓励资源环境承载力比较好的区域多发展城市建设、多聚集资金和人口;对于资源环境承载力已经达到或者严重超过承载力,而且要付出极大的成本才能够提高承载力的地区,要适度限制扩张。优化城市管理格局,是推动城市健康发展的关键,也是提高城镇综合承载能力的重要手段。优化城市管理格局的核心是切实转变政府职能,把政府的主要职能、主要财力集中到为百姓提供更多更好的公共产品服务上来,更加注重履行好社会管理和公共服务职能。要更新城市管理观念,从重视建设轻管理,转变到建设和管理并重。充分运用科技手段管理城

市，创新城市管理方式。要保障市政公用产品和服务的供给和安全，加强市政公用产品的质量安全监督等。

2.1.2 新型城镇化对交通运输的要求

2.1.2.1 城镇化仍处于较快发展阶段，要求不断提高交通运输服务供给能力

我国城镇化率仍处于30%～70%的快速发展区间。《国家新型城镇化发展规划（2014—2020年）》提出：2020年我国城镇化率将达到60%左右，将有1亿左右农业人口转移到城镇。由于城市人口出行次数是农村人口8～9倍，客运需求将大幅提高，同时随着生活水平的提升，公众对出行的舒适性、便捷性和安全性等方面的要求将越来越高。虽然未来我国的能源格局、生产力布局将发生重大调整和变化，但总的产业布局将使我国货运强度在一定时期内难以发生本质变化；同时，随着小批量、多样化、高附加值货物运输比重的上升，城市配送需求将大幅增加。这些都对交通运输的服务供给能力和水平提出了更高的要求。

2.1.2.2 城镇化格局将更加优化，要求进一步调整和完善交通布局和结构

预计未来城镇化布局和形态的发展趋势为：城市群将成为城镇化的主体形态，东部地区三大城市群以优化提升质量格局为主，集约化和一体化水平将明显提高；中西部及资源环境承载条件较好的地区以培育壮大城市群为主，成为区域协调发展的增长极。不同形态城市的发展重心将有所不同：中心城市重在增强辐射带动能力；中小城市重在加快发展、提升城市质量；小城镇重在服务三农。这些发展趋势要求我们尽快按照新的发展框架和空间布局进一步完善交通运输规划体系，针对不同地

区、不同城镇形态,分层分类优化交通运输结构,加快完善综合运输通道和区际交通骨干网络,强化城市群之间交通联系,加快城市群内交通一体化规划建设,改善中小城市和小城镇对外交通,发挥综合交通运输体系对城镇化格局的支撑和引导作用。

2.1.2.3 城镇化发展将更加集约高效,要求转变交通运输发展方式

未来城镇化将更加集约高效和绿色低碳,土地利用效率将明显提高,绿色生产、绿色消费将成为城市经济生活的主流。集约高效的城镇化发展要求要从转变交通运输发展方式出发:完善体制机制,理顺部门事权财力,提高机构运行效率;借鉴先进经验理论,促进政策创新,探索解决资金、土地、环境对交通运输发展的瓶颈制约;注重发挥市场机制配置资源作用,提升交通运输服务水平;突破发展理念,加强交通引导,提高交通规划的作用和地位;优化发展路径,实现交通运输综合、智慧、绿色、平安发展,从而实现交通运输发展由传统的被动应对向主动引导转变、由单一发展向多元化发展转变、由投入拉动向科技管理创新驱动转变。

2.2 新型城镇化背景下城市群发展对交通的要求

进入21世纪,我国区域经济发展的重要特点是城市群的出现。城市群作为我国城镇化发展的主体,承担着引领国土开发、促进区域融合、统筹城乡发展的职能。《国家新型城镇化发展规划(2014—2020年)》明确新型城镇化的战略布局:“在东部地区,优化提升京津冀、长三角和珠三角城市群,逐步打造更具国际竞争力的城市群;在中西部资源环境承

载能力较强的地区，培育壮大若干城市群。建立城市群发展协调机制，促进各类城市协调发展”。与一般单个城市相比，城市群的交通需求往往与城市群等级划分、职能分工等密切相关。

2.2.1 需优化开发的东部地区城市群

根据我国新型城镇化规划，东部地区城市群主要分布在优化开发区域。其中，京津冀、长江三角洲和珠江三角洲城市群，是我国经济最具活力、开放程度最高、创新能力最强、吸纳外来人口最多的地区，也是“呈发散型发展、不同城市分工协作模式”的典型代表。从这几个城市群的发展趋势来看，“十三五”期间，它们将处于协调发展、资源整合、提高集约化和一体化水平的阶段。发展的重点主要以优化提升为主，将继续发挥带动和辐射作用，加强城市群内各城市的分工协作和优势互补，提高参与国际竞争的能力，引导产业和人口向大城市周边的中小城市、小城镇转移和适度集聚，与中心城市形成网络状的城镇空间体系，防止中心城市人口和功能的过度集聚。此外，“十三五”期间，东部地区其他城市群，如山东半岛城市群、海峡西岸城市群等，发展重点主要是根据区域主体功能定位，在优化结构、提高效益、降低消耗、保护环境的基础上，壮大先进装备制造业、战略性新兴产业和现代服务业，推进海洋经济发展；充分发挥区位优势，全面提高开放水平，集聚创新要素，增强创新能力，提升国际竞争力；统筹区域、城乡基础设施网络和信息网络建设，深化城市间分工协作和功能互补，加快一体化发展。

基于新型城镇化发展的大背景下，“十三五”期间，优化开发的东部地区城市群经济社会产业发展的趋势和重点，对交通发展有如下几个方面的要求。

2.2.1.1 推进区域协同发展，要求系统谋划区域交通一体化

优化开发的东部城市群区域协同和一体化发展，对区域交通一体化提出了较高要求。首先，优化开发的城市群内部城市间联系较为紧密，中心城市是城市群的核心，具有高强度运输需求，外围的中小城市与中心城市间联系密切，交通需求表现为围绕中心城市的放射状运输走廊，走廊强度与衔接城市的规模和性质密切相关。其次，由于都市圈范围的不断扩大，远郊区域之间的联系强度在增强，开始出现环形走廊运输需求。再次，城市群交通中客货运输距离、需求量、需求结构以及时间、空间分布等都与区际交通和城市交通不同，如旅客运输距离为中短途运输，旅行距离在200千米以内的短途旅客运输占总运量的比例为95%左右；城际客货运输需求量大，货物运输具有小批量、多批次、高密度、快速化、物流配送式以及多样化的货物运输需求特点，对运输的经济性、时效性要求高。因此，作为一个共同发展的城市群，其交通的发展必须依据各自发展情况，打破行政壁垒和市场分割，克服发展不平衡的问题，促进内部资源整合，加强区域经济联系，促进区域一体化发展。

目前，长三角、珠三角地区的交通一体化已形成较好的基础。“十三五”期间，长江三角洲区域的交通一体化发展要进一步提升上海核心城市的功能，提升南京、杭州的长江三角洲两翼中心城市功能，优化沪宁、沪杭发展带的整体水平，强化宁波、苏州、无锡综合服务和辐射带动能力，增强常州、南通、扬州等节点城市的集聚能力，实现区域基本交通公共服务均等化，各种资源优化配置，发展格局科学合理，竞争力和辐射力进一步增强；珠江三角洲地区交通一体化，要进一步坚持政府推动、市场主导，省市联手推进，实现珠江三角洲交通协调、有序、可持续发展。

“十三五”期间，推进京津冀地区交通一体化，是推进京津冀城市群

发展,实现京津冀协同发展的重要环节。习近平总书记指出,推进京津冀协同发展战略,交通一体化是骨骼系统,要把交通一体化作为推进京津冀协同发展的先行领域,通盘考虑、统筹规划,加快构建三地快速、便捷、高效、安全、大容量、低成本的互联互通综合交通网络,为京津冀协同发展提供坚实基础和保障条件。因此,"十三五"期间京津冀交通发展,要立足协同发展全局,着眼破解区域交通一体化发展面临的突出问题,以区域交通运输资源统筹配置和综合利用为主线,实现"规划同图、建设同步、运输衔接、管理协同"。管理政策方面,综合交通运输运营、管理、制度和标准充分对接,破除行政壁垒和市场分割,提出对政策对接和管理协同的意见和建议,为京津冀交通一体化提供良好的政策环境;规划和建设方面,形成多层次、全覆盖、便捷顺畅的综合交通网络,铁路、航空、港口等综合交通枢纽在区域内优化配置,各种运输方式衔接转换顺畅;运输服务方面,实现不同运输方式之间客运"联程联运",基本实现城市公交互联互通;形成高效、经济、可靠的货运多式联运系统。

2.2.1.2 推进产城融合发展,要求交通运输全面提升服务能力

"产城融合"是东部优化开发城市群的重要发展特征和趋势,具体指以城镇化发展承载产业经济,以产业发展推动城市功能完善,实现产业与城市同步发展、相互促进的城镇化模式。东部优化开发城市群推进产城融合发展,要求交通运输加快转型升级,全面提升服务能力,助推产业结构调整。

如:长三角地区作为国家层面的优化开发区域,被赋予了亚太地区重要国际门户、全球重要现代服务业和先进制造业中心、具有较强国际竞争力的世界级城市群的战略定位,其所形成的专业化分工和产业集群,要求交通运输改造提升产业聚集区的对外连接,加强各种运输方式

的衔接配套，通过降低成本、提高效率，实现集约高效发展，其现代商业模式的变革，特别是电子商务、连锁经营等新型流通业态的发展，使得多样化、个性化的配送需求不断增加，并对城市配送的实效性和便捷性提出了更高要求。

2.2.1.3 增强城市综合承载能力，要求交通运输集约高效发展

东部地区城市群正面临水土资源和生态环境压力加大、要素成本快速上升、国际市场竞争加剧等制约，自然和社会承载能力不堪重负，过去“摊大饼”式的城镇化发展、无序扩张和过度开发造成的交通拥堵、住房紧张等“城市病”现象日益突出。东部地区要增强城市承载能力，必须积极探索交通与城市协调发展的模式与路径，由被动适应向主动引导转变，在推进城镇化发展中逐步实现对城市空间结构及功能布局的引导作用。

例如，珠三角地区是我国改革开放的前沿地带，是市场经济启动较早、经济发展势头迅猛、区域一体化的先发地区，也是我国经济发展的重要引擎，辐射带动华南、中南和西南地区发展的龙头，更是我国人口集聚最多、创新能力最强、综合实力最强的三大区域之一。2010 年，珠三角人口占全国总人口的 2.42%，地区生产总值占当年国内生产总值的9.39%，但是，珠三角城市群土地仅占全国国土面积的0.58%，土地开发强度和人口密度都很大，珠江三角洲大部分城市的江段、河道已不堪重负，跨区水污染问题日益突出，形成了以广州、佛山为中心的酸雨高发地带，同时，各城市机动车尾气型空气污染问题日益凸显，已出现光化学污染征兆，并形成了区域大气复合污染现象。同样，京津冀城市群也是全国水资源最短缺、大气污染、水污染最严重，资源环境与发展矛盾最为尖锐的地区之一。珠三角城市群和京津冀城市群的交通发展必须考虑环境

的承载力,走低碳环保的道路。

因此,新型城镇化要求交通发展注重质量和内涵提升,科学引导开发边界,优化城市功能布局、提高城市环境和生活品质。交通基础设施在规划建设时要按功能开发土地,严守土地红线和生态红线;加强中心城区与新城区的交通联系,增强人口经济集聚功能,提升城市内在品质;强化中心城市与周边城市和小城镇的交通运输连接,引导人口和产业由大城市向周边和其他城市疏散转移;推动低碳交通体系建设,引导公众和企业优先选择使用新能源和清洁能源汽车;积极推进公共交通和慢行交通优先发展。

2.2.2 需培育壮大的中西部地区城市群

我国中西部地区的城市群主要包括成渝城市群、中原城市群、长江中游城市群、关中城市群等,发展多呈集中型、以中心城市辐射周边城市模式。随着我国区域发展政策从“沿海开放”到“西部大开发”,再到“振兴东北”,直至这几年提出“中部崛起”的战略构想,中西部地区的城镇化发展势头迅猛。

根据我国新型城镇化发展规划,中西部城镇体系中比较健全、城镇经济发达、资源环境承载条件较好、中心城市辐射带动作用明显的重点开发区域,未来将以加快产业集群发展和人口集聚,培育壮大城市群为主,成为区域协调发展的增长极:加大对内对外开放力度,引导有市场、有效益的劳动密集型产业优先向中西部转移,有序承接国际及沿海地区产业转移;依托优势资源发展特色产业,加快新型工业化进程,壮大现代产业体系;完善基础设施网络,健全功能完备、布局合理的城镇体系,强化城市分工合作,提升中心城市辐射带动能力,形成经济充满活力、生活品质优良、生态环境优美的新型城市群。

依托陆桥通道上的城市群和节点城市，构建丝绸之路经济带，推动形成与中亚乃至整个欧亚大陆的区域大合作，在优化全国城镇化战略格局中发挥更加重要作用。

同时，需培育壮大的中西部地区城市群也应严格控制城市边界的无序扩张，严格控制污染物排放，切实加强生态保护和环境治理，彻底改变粗放低效的发展模式，确保流域生态安全和粮食生产安全。基于以上趋势特征，"十三五"期间，需培育壮大的中西部地区城市群发展对交通有如下几个方面的要求。

2.2.2.1 优化城镇化战略格局，要求交通运输加快完善网络布局

中西部培育壮大城市群及新型城镇化发展要求交通先行、适度超前，完善基础设施网络，强化城市分工合作，提升中心城市辐射带动能力，强化城市群之间交通联系。依托国家"五纵五横"综合运输大通道，加强东中部城市群之间骨干网络薄弱环节建设，适度超前建设西部城市群对外交通骨干网络。

以中原城市群为例。目前中原城市群的交通运输网络主要是以郑州为核心城市的十字形网络。因此，在加快中原城市群建设阶段，对交通发展提出的要求首先应是完善综合运输通道和区际交通骨干网络，强化城市群的内联外通，实施中心城市带动战略，加快完善多层次交通网络，按照"核心带动、轴带发展、节点提升、对接周边"的原则，形成放射状、网络化空间开发格局，实现以郑州为中心的核心区域 9 个城市融合发展，进一步增强中原城市群辐射带动作用。此外，铁路要以客运专线、城际铁路、大能力运输通道为建设重点，扩大铁路网总规模，适时调整并

进一步完善中原城市群城际轨道交通网规划,有序推进城际轨道交通网建设;公路要进一步完善网络结构,推进国省道网调整规划实施,形成功能完善、结构优化、畅通中原的公路网络,提高路网通达能力;内河运输要加快推进淮河和沙颍河国家高等级航道建设,推进涡河、沱浍河等地方重要航道和黄河小浪底、三门峡库区航道建设,适时推进汾泉河、西淝河等地方支流航道建设;民航要推进郑州国内大型航空枢纽建设,改扩建洛阳、南阳、运城、邯郸、阜阳、长治机场,进一步增开航线并积极推进支线机场建设。

2.2.2.2 推动不同层次城市协调发展,要求交通运输因地制宜发展

中西部城市群内部不同层次的城市发展需求和定位有着明显区别:有需要集约优化的大城市,有需要提档升级的中小城市,也有需要培育发展的小城镇。因此,针对不同层次的城市发展需求和定位,要求交通发挥穿针引线的作用,把各层次的城市联系成有机的整体,缩小城镇发展的差距。以综合交通运输体系将大中小城市和小城镇连接起来,促进各类城市功能互补、协调发展。

以成渝城市群为例。成渝城市群位于西部地区的核心位置,北临西北,南带西南,东连华中,西引西藏,是连接西部各省(自治区、直辖市)的重要交通枢纽。成渝城市群内部的城市等级规模基本呈金字塔形分布,重庆和成都为人口超过1000万的特大型城市,南充和达州为人口在500万~1000万的大型城市,其他大部分城市为人口在200万~500万之间的中型城市。成渝城市群两个核心城市——重庆和成都,在能源、资源、产业、区位方面都有较强的互补性,彼此间有着较为密切的相互影响。除了重庆和成都,其他城市的发展水平和规模有限,城市间的相互作用强

度较弱。因此,需要综合考虑不同城市的区位条件、资源禀赋、人口规模和产业结构,结合未来发展趋势,适度超前、因地制宜地把握交通基础设施的建设规模、布局结构和网络密度,统筹各种运输方式发展,宜密则密,宜疏则疏,宜陆则陆,宜水则水,宜空则空,更好地发挥中心城市的辐射带动作用、挖掘中小城市的发展空间、突出小城镇发展的特色与活力。

2.2.2.3 促进城镇化和新农村建设同步推进,要求交通运输统筹城乡一体化发展

中西部城市群处在城镇化发展非常迅速的阶段,随着城乡联系的加深,其对城乡交通运输服务均等化的诉求愈加强烈,要求加强城市交通与农村交通的便捷衔接,促进城乡基本公共服务均等化。同时,新型农村社区建设,也要求提升和完善农村骨干路网、提高农村公路的养护水平,要求大力发展农村客运,实现网络化运营、标准化服务、规范化管理。

以关中城市群为例。关中城市群位于亚欧大陆桥中心,自古是我国重要的粮棉生产基地,现在的城市布局是沿陇海、咸铜线和候西、宝成线发展起来的,发达的农业为城镇密集区的形成提供了条件。国家对关中城市群的战略定位为"全国内陆型经济开发开放战略高地、统筹科技资源改革示范基地、全国先进制造业重要基地、全国现代农业高技术产业基地、彰显华夏文明的历史文化基地"。关中城市群的第一产业和全国其他城市群相比,占有较高的比例,尤其是商洛市(20.3%)、天水市(20.5%)、渭南市(16.09%);城市群内部的城市总规模较小,中小城市和小城镇数量占多数。因此,加快关中城市群建设,首先要走出传统的城乡分割,确立区域城镇化与城乡一体化相统一的发展理念,正确把握好城乡关系、城城关系、产业布局及城镇化动力机制等战略问题。对于交通发展来说,则是要推动形成城乡衔接的公共交通、供水供电和生态建设、

环境保护一体化发展格局，统筹配置公共资源，促进基本公共服务均等化。

2.3 新型城镇化背景下中心城市发展对交通的要求

2.3.1 新型城镇化背景下中心城市客运发展的趋势和要求

2.3.1.1 对外交通量质齐升，需要大容量、便捷高效的市内接驳系统

随着中国进一步融入全球经济，我国中心城市的国际商贸、跨境旅游等交通需求持续增长，这在北京、上海、广州等世界性特大城市表现尤为明显。同时，随着新型城镇化发展进程加快，区域中心城市对周围中小城市和小城镇的产业转移和辐射带动作用进一步加强，相互之间的商务、旅游、通勤等交通联系更加频繁。对于跨境出行需求，要求加强市内公共交通对机场等枢纽的便捷高效、“无缝”衔接，提高换乘工具的舒适性与准点率；对于跨市出行需求，要求加大市内公共交通对高铁、火车、长途汽车站等枢纽的便利衔接，提供大容量、快捷的换乘交通工具。

2.3.1.2 城市向多组团协调发展，需要建立组团间快速联系通道

面对城市中心区功能过于集聚的压力，目前我国大部分中心城市趋于向多中心多组团的发展模式转变，然而，各组团发展成熟需要时间，在短期内尚难以形成相对自给自足的独立个体，一些生产生活需求仍需依靠与中心城市联系获取，而且各组团功能互补，相互之间联系也比较紧

密，因此中心城市内需要建立组团间快速联系通道。中心区与各组团、各组团间的交通运输通道一般具有连接两个或两个以上组团、交通流量大、交通设施分布相对集中、综合多种交通方式、为城市内部中长距离的出行服务的特点，基于这些特点，组团间一般要求大容量快速运输通道连接。

2.3.1.3　城乡间联系更加紧密，要求大力发展城乡客运

中心城市城镇化发展水平较高，有些将逐步进入“城市反哺农村、城乡一体”的城镇化后期阶段，城乡差距进一步缩小，城乡居民收入水平和生活品质均有提升，中心城市居民乡村旅游需求和周边农村居民进城务工、消费、娱乐等需求将随之增加，城乡间联系更为紧密。为了满足日益增加的城乡交通需求，要求进一步大力发展城乡客运，做好城乡客运线路与城市公交的换乘衔接，并逐步实现城乡公交一体化，服务城乡居民便捷出行的要求。

2.3.1.4　客流集聚效应明显，要求疏解交通压力

中心城市人口众多、汽车保有量高，加上由于教育、医疗、行政等资源过于集中，集聚了大量的外来客流，从而对交通系统造成了很大的压力。为了应对这一压力，需要采取措施疏解交通，缓解中心城市的交通拥堵问题。

2.3.1.5　居民出行需求水平高，要求提高公共交通服务质量

中心城市经济发达，乘客出行可选的方式较多，在选择出行方式时对时间成本和个人感受比较看重。为了提高公共交通在与私人小汽车、出租车等出行方式的竞争中的吸引力，需要提高公共交通质量，使其更加快捷舒适。

2.3.2 新型城镇化背景下中心城市货运发展的趋势及要求

2.3.2.1 运输时效性、经济性要求提升,要求发展多式联运

中心城市跨国、跨区域公司规模不断壮大,原料产地、生产车间、装配工厂以及消费市场遍布世界及全国各地。在这种情况下,运输过程成为经济全球化、一体化的重要纽带,运输的时效性、经济性是其重要保障,整合运输链,实现经济、高效运输,以服务于跨国、跨区域公司的同步协调生产就显得尤为重要。因此,整个运输过程不能被看作是几个孤立的运输服务,而应该作为一个整合的运输服务来满足运输需求,这就要求发展多式联运。

2.3.2.2 电子商务发展迅速,要求建设完善的城市配送系统

中心城市电子商务发展迅速,配送需求大幅增加。电子商务对减少出行、缓解城市交通拥堵、促进经济发展、增加就业都有比较有利的作用,应当鼓励电子商务的发展。由于电子商务对配送时效性要求较高,须进一步建设完善的城市配送系统。

2.3.2.3 沿海中心城市港城功能协调,要求调整港口集疏运方式

随着经济发展和城镇化建设推进,沿海中心城市港口功能和城市功能都将进一步加强,有些城市已经出现港口和城市协调发展的问题,这要求进一步调整完善港口集疏运方式,加强铁路对港口的集疏运衔接,减少公路集疏运与城市交通的相互干扰。

2.3.2.4 区域中心节点城市与周边城镇货运联系加强,需要加强货运通道建设

区域中心节点城市与周边城镇产业协作加强,货物运输需求持续增

加,为了满足货运要求,同时避免客货运输相互干扰严重而产生的安全问题,需要加强货运通道建设。

2.4 新型城镇化背景下小城镇发展对交通的要求

2.4.1 中国小城镇发展的功能、定位及对交通的要求

小城镇处在城市与乡村的过渡部位,是城乡之间的桥梁,承载着经济发展与社会稳定等多重责任。至 2012 年年底,我国建制镇数量是城市数量的 30 倍,乡(集镇)数量是城市数量的 24 倍,20 万人口以下的城镇集聚了 51%的城镇人口。作为与农村联系最紧密的行政单元,小城镇在转移农村过剩人口、集聚人口方面的能力仍在不断加强。同时,我国的建制镇聚集了全国大部分乡镇企业,伴随着城镇化进程中的产业转移集聚,小城镇将进一步成为吸纳农村富余劳动力以及分担城市就业压力的重要出口。此外,处于城乡纽带角色的小城镇在提供农村公共服务方面也具有重要意义,农村居民很难直接从城市中获取公共服务,依托农村居民点自身提供服务也是不集约的,我国目前还有 7.29 亿人口居住在农村,如此庞大人口的公共服务供给最终要靠小城镇提供。从这个意义上讲,小城镇的发展维系着中国超过一半人口的利益,是我国推进城乡公共服务一体化战略的关键性节点,具有不可替代的战略地位。

交通发展是小城镇化发展的重要影响因素,两者之间互相影响、互为因果、紧密联系,小城镇发展的功能定位,直接要求了小城镇的交通发展:一是要适应小城镇人口集聚的趋势,与推动小城镇发展和疏解大城市中心城区功能相结合,满足小城镇居民的基本交通服务需求;二是要

与小城镇特色产业发展相结合,促进小城镇经济活力;三是要与服务“三农”相结合,提升城乡交通公共服务水平,促进城乡公共服务一体化,从而促进实现小城镇发展的功能定位和战略地位。

2.4.2 大城市周边的城镇发展对交通的要求

位于大城市周边地区的小城镇,如北京、上海、广州周围的小城镇。一般为大城市的卫星城镇,它们的产业、居住、基础设施条件等都依托大城市,与大城市之间的交通运输是其发展的动脉,因此与大城市之间联络通道的规划建设是此类小城镇交通发展的重点。

2.4.3 经济发达、城镇密集地区小城镇发展对交通的要求

经济发达、城镇密集地区小城镇,如长江三角洲地区、珠江三角洲地区、京津唐、闽南厦漳泉、山东半岛、河南郑洛汴、武汉周围、四川成都平原等地区的小城镇,有第二、第三产业发达的大中城市作为核心,乡镇企业发展水平较高,城镇化的速度和水平也走在全国的前列。此类小城镇一般沿高速公路、国道发展而成,经济发展水平高,与周边城镇之间的交通需求比较旺盛,内部交通需求增长也比较迅速。此类小城镇对交通的主要需求是:优化过境交通通道,使过境交通与内部交通有机分离。

2.4.4 远离城市独立发展的小城镇对交通的要求

远离城市独立发展的小城镇大多处于我国中西部以传统农业生产为主的地区,自身具有一定的区位、交通、文化优势,并已是一个区、乡的行政、经济、文化中心。这类小城镇发展独立性强,交通规划建设以内部道路网络的完善为主,同时加强与周边城镇的联络通道的建设。

2.4.5 具有旅游、矿产等特殊资源，以及处于边境等特殊地区的小城镇

具有旅游功能的小城镇对生态人文景观保护的要求比较高，同时要兼顾旅客可达性的要求。此类小城镇要求内部交通以步行、租赁自行车、公共汽电车为主，尽量减少对生态人文景观的破坏；建设连接主要机场、火车站的通道，并合理规划内外交通换乘衔接的枢纽，方便旅客到达和离开。

具有矿产资源的小城镇，如油田、煤田等附近的小城镇，其发展一方面要合理利用矿产资源，另一方面要摆脱纯生活服务功能的约束，形成多样化的产业结构，以便在能源等主导产业衰竭时顺利进行转化，保证小城镇的持续发展。这类小城镇的交通发展一方面要合理规划货运通道，连接主要公路、铁路货运站场与港口，保障矿产资源运输；另一方面要未雨绸缪，为其他产业发展提供良好的交通条件。

处于边境地区的小城镇，要求完善交通枢纽功能，促进边境贸易，为建设跨境经济合作示范区、特殊经济开发区等创造条件。

3 交通运输在推进新型城镇化发展中出现的问题

3.1 城市群交通存在的问题

3.1.1 东部地区城市群交通存在的问题

3.1.1.1 东部地区城市群的交通发展现状

东部地区成熟的城市群初步形成了综合交通运输网络,成为我国基础设施较为齐全、技术装备水平较高、综合运输能力较强、客货运输较为繁忙的综合交通枢纽区域。长江三角洲地区、珠江三角洲地区、京津唐地区以及辽中南地区的铁路、公路、水路、航空以及管道运输都不同程度地获得较快发展,不同运输方式之间在功能互补和协调合作方面较以前有较大进步。在不同区域间,各行政单元在区域合作方面进行了有益的尝试,一些大规模、跨区域的交通项目相继展开;在城市密集地区内部,公路和铁路已经成为区域运输的主力,承担着绝大部分的客货运输任务;各个城市密集区已经规划和建设了一定数量的综合运输通道,在区域经济和城市群的形成和发展过程中发挥着巨大作用。

3.1.1.2　东部地区城市群的交通问题及原因分析

尽管东部各大城市群不断通过增加交通供给、加速交通基础设施的建设、提高科学规划管理水平来改善交通环境,但收效不尽理想,交通压力依然很大,目前我国东部各大城市群均存在不同程度的交通问题。

一是路网从核心城市向外放射,过境交通和城市交通互相干扰。城市交通普遍存在着过境交通突出,内部联系不畅的情况,其原因是城市内部道路功能层次定位不清、网络结构不完善,主要表现在铁路与公路网络多呈圈层放射状,以核心城市为中心向外放射,没有形成合理的"放射线+环线"的体系,现有城际大通道被异化为城市道路,大通道的干线连接不多,断头路现象普遍,城市内部干线道路网以过境公路为骨架,过境交通与城市交通相互干扰。

二是缺乏城际快速通道,轨道交通发展滞后。城市职能和空间的疏解必须与城市地区公共交通体系的建设,以及周边地区中小城市的建设相配套。核心城市大运量快速交通系统加快建设步伐,但面向周边城市的快速交通系统建设滞后,制约城市人口疏解。城市群内部多以道路交通为主,城际之间、城乡之间交通通达性不高;虽优先发展城市公交,但快速公交和轨道交通的发展依然滞后;缺少便捷的快速通道,尤其缺少可通达市域新城、覆盖重要中心镇、旅游景点和重要功能开发区的快速通道,因而不能很好地满足地区居民生产、生活、出行需求,也不利于旅游业发展和区域经济一体化。

三是综合枢纽综合集成性不强,多种运输方式衔接问题突出。北京、上海、广州等核心城市率先建成了高速客运专线和城际轨道交通枢纽系统,如北京南站、上海南站等;省会中心城市也加快了建设枢纽系统的步伐,如南京将成为 12 条铁路的集散中心,武汉、重庆等城市逐渐成为跨省区的公路交通枢纽。但由于多部门、多层级行政区块限制和部门利益,这些枢纽多考虑部门专项系统内部的集散,而与城市群多种运输系统之间的综合集散功能较差,如铁路和城际轨道系统之间缺乏集成,城际轨道与航空、公路枢纽缺乏集成等,导致城市群核心城市内部交通与外部交通体系联结不畅。

四是交通秩序混乱,城市交通拥堵日益加重。由于人流、物流的过度集聚,城市内部交通状况日益恶化,出行费用增加,因交通拥堵造成的经济损失越来越大。在城市道路容量严重不足、供给水平低的情况下,汽车增长速度却很快,家用小汽车带来的交通压力与日俱增。另外,城市内静态交通设施缺乏,与动态交通设施的比例严重失调,由于停车场数量严重不足、规划布局不当以及管理不善造成的“停车难”“乱停车”问题是当今我国东部城市,尤其是城市群核心城市内部非常突出的社会问题。合法(经公安部门同意)和非法(违章)占用道路停放车辆的现象加剧了车多路少的矛盾,带来安全隐患。

造成上述交通问题的原因在于以下方面。

首先,交通运输管理体制依然存在着部门和地域分割的问题,例如轨道交通发展涉及的高速铁路、干线铁路、城际铁路、市域轨道,规划和建设审批程序涉及不同的部门,缺乏统一的标准和规定,造成规划、投资缺乏统筹等问题,是造成轨道交通发展滞后的原因之一。在行业内部,由于长期以来各种交通运输方式都是分部门进行管理,缺乏协调配合、有机衔接的机制,导致交通运输基础设施的规划、建设和管理很难做到统筹协调、一体化运作,行业发展极不平衡。又如通道建设会涉及多省多市甚至多个城市群,传统的行政区域隔阂使得各地在线位选择阶段就开始博弈,造成通道地域不均衡和能力不协调;现有高速公路的规划、建设中,各地政府都将其看作自身境内的服务性道路,要求规划设计方在其境内多留出入口,方便各市的道路与过境高速公路的衔接;但开口过多将使道路建设投资和运营管理难度上升,而运行速度反而下降,失去高速优势。

其次,属地化管理导致交通设施共享性差,区域协调难度加大。城市群的大型交通基础设施管理虽然隶属于所在城市,但其服务范围却是整个区域,是区域所有城市对外交通系统的重要组成部分,因此,这些设施应按服务区域的原则来组织交通网络。然而目前的属地化管理使设施以所在城市为主构建其交通组织系统,无法按照设施的服务范围进行规划和组织。其结果是,不拥有区域大型对外交通设施的城市无法获得服务上的保障,纷纷考虑建设自己的机场、港口、综合客运枢纽等设施,造成设施增多,各自的运量减少,服务水平降低,导致恶性竞争和低水平重复建设。

再次,过度城镇化的大城市用地问题引发“城市病”。这种发展模式是以牺牲农业、掠夺性开发资源为代价的,并且明显超越工业化和经济发展水平的承载能力。城镇化发展速度快,但城市不是建立在工业化和农业发展的基础之上,而主要依赖于传统的第三产业推动;城镇化质量不高,包括静态交通设施在内的城市基础设施建设滞后,不能为居民提供必要的生活和出行条件,容易引发严重的“城市病”。

3.1.2 中西部地区城市群交通存在的问题

3.1.2.1 中西部地区城市群的交通发展现状

以省会城市为核心的单中心城市群在中西部数量较多,交通运输体系以省会城市内部交通系统为核心向外辐射,道路系统以中心式格网布局为主,如关中城市群、中原城市群等。由于省会城市首位度高,周边其他城市经济规模和地位处在较低的发展水平,城市群的交通体系正在形成之中,空间结构尚未完全定型。因公路、铁路主干线布局较为单一,城市之间的联系必须通过省会中转或经过省会,造成核心枢纽越来越大的交通压力,次级中心城市间的衔接不畅直接影响着区域整体实力的提升。

3.1.2.2 中西部地区城市群的交通问题及原因分析

具体来说,中西部地区城市群的交通发展具有如下问题。

一是城市群交通基础设施相对薄弱。中西部城市群交通基础设施薄弱,与发展成熟的国内外城市群相比,交通设施不成熟,区域交通体系整体仍较为落后,体现在公路网、铁路网密度小、等级低,交通网络还未形成等方面。由于西部城市间相距较远,发挥集聚效应比较困难,一定程度上影响了城市群地区经济的发展。如何通过交通系统引导和支撑未来城市群的合理结构的形成,承载短时间内积聚较多的城市人口和产业的交通需求,避免重蹈东部城市群过快的机动化发展和交通拥堵,着眼于构建适应长远发展的更高水平的交通发展模式,是中西部地区城市群所面临的重要问题。

二是单中心城市群的快速交通通道有限。以省会城市为核心的单中心城市群交通,须依托于省会城市的交通通道,一方面产生大量的过境交通流造成核心枢纽越来越大的交通压力,另一方面,交通系统作为实现客、货运输的载体,中心城市间的衔接不畅直接影响着区域整体实力的提升。因公路、铁路主干线布局较为单一,交通系统完全以省会主城为核心,呈单中心辐射态势,省会到其他次级中心城市间基本依靠单通道的高速公路连通,铁路快速通道较少。

三是次级中心城市间的联系不便捷。次级中心城市之间的联系必须通过省会中转或经过省会,这给省会的交通带来不小的压力。这是单中心向外辐射的经济引力和交通设施的空间形态不可避免的弊端。例如滇中城市群,次级城市曲靖、玉溪、楚雄间的联系不便捷,它们之间的联系必须依托高速公路通过省会昆明中转或经过昆明,这给昆明的交通带来不小的压力;滇中区域更次级城市间的交通设施或通道更少,交通设施十分薄弱,且分布不均匀,而已有铁路路网规模小、分布不均,技术标准低,运行速度慢。

四是多核心的城市群快速交通通道同样不足。少量多核心城市群快速交通通道同样不足。例如呼包鄂城市群,通过高速公路连接形成三角形交通结构,而铁路连接通道不足,近年来由于煤炭产业高速发展,省会呼和浩特与煤炭基地鄂尔多斯、钢铁基地包头之间交通量不断加大,而高速公路等级不高,经常出现拥堵现象,影响了区域经济的发展。

五是农村客运运力装备和场站设施落后,服务管理水平较低。中西部地区经济社会发展相对落后,城镇化率相对较低,广大农民群众的出行需求,尤其是中短途的出行需求量仍然较大,在一些农村地区,尤其是山区、边远地区和经济不发达地区,农民群众“出行难”依然存在。农村客运发展相对滞后,农村客运运力装备和场站设施落后、客运服务水平总体偏低、安全监管薄弱、经营模式单一、市场不够规范,不能满足基本公共服务均等化和社会主义新农村建设的要求。

造成上述问题的原因在于以下几个方面。

首先,区域资源开发与管理缺乏协调。任何一个区域内都有对区域发展有影响的战略性资源,交通资源也不例外,如建设优良港口、机场、重要铁路的天然选址,交通通道的线位选择等。战略性交通资源的开发要随区域发展来评估其实际的开发时序。由于中西部城市群大多是以省会城市为核心的单中心城市群，战略性资源常被划入中心城市的行政区划内，在目前区域交通设施越来越地方化和市场化的情况下，这部分资源被超前违反区域利益开发的可能性大大提高，以增加拥有这些资源的城市在区域内的城市竞争能力。有悖于合理时序的超前建设，导致供过于求，形成重复建设和浪费，打破区域平衡，降低了区域战略资源的作用。另一方面，无战略资源的其他城市在发展中对区域性战略资源的使用没有发言权，导致这些城市对区域战略资源使用并不关心。

其次，资金筹措能力不足，难以支撑庞大的交通基础设施建设资金。中西部地区的对外交通干线和内部交通网络相对较差，经济发展水平较低，基础设施建设缺乏资金保障。一些地区的建设发展没有结合实际、统筹考虑，超出了自身的财政能力，个别地方筹资手段单一，已出现配套资金到位困难，导致路网密度低、公路等级低、安全防护设施缺乏等问题，农村公路管理养护、农村客运的可持续发展将面临重大考验。

3.2 中心城市交通存在的问题

3.2.1 客运交通存在的问题

3.2.1.1 城市对外交通与内部交通衔接不畅

火车站、机场、长途客运站、客运码头等对外交通枢纽在规划建设中缺乏与城市轨道交通、公交等内部交通系统的统筹考虑，存在衔接不畅、换乘枢纽布局不合理的问题。城市道路与城市外围公路建设标准不一致，衔接性差，管理脱节，造成出入城交通拥堵。

3.2.1.2　城市各组团间通道运输结构不合理

中心城市各组团功能互补、交通联系紧密、交通转换强度高，加上我国中心城市普遍人口众多、交通量大、土地资源紧张，各组团间的交通运输通道应主要依靠快速轨道交通（如地铁、轻轨等）和快速公交等大容量公共交通系统的支持。但目前各组团间公共交通系统尚不完善；轨道交通供应量不足、站距过小、速度难以提升；快速公交路权难以保障；换乘枢纽缺乏或者设计不合理，公共交通换乘衔接不畅；缺乏公交接驳支线与公共自行车停靠点，公共交通出行最后一公里缺乏保障。由于公共交通系统的不发达与不便利，各组团间交通呈现明显的私人化特征，并且有愈演愈烈之势，各组团之间的土地利用也由于机动化的发展而呈现无序蔓延之势，不利于土地的集约化利用和城市的健康可持续发展。

3.2.1.3　公共交通缺乏竞争力

目前中心城市公共交通发展水平还不够高，主要表现在以下几个方面：公交网络，尤其是地铁网络覆盖率还不够高，给居民选择公共交通出行带来不便，同时造成公共交通过度拥挤；公共汽车运营速度得不到保障；公共交通换乘衔接不便利，换乘距离长；地铁出入口难以与周边建筑直接连通，不能做到无缝衔接。由于以上不足，导致公共交通便捷舒适性差，在与小汽车的竞争中缺乏优势。

3.2.1.4　潮汐交通、交通拥堵现象严重

城市功能分布不均衡，商务区、金融区、政府机构、科研机构、大专院校等过度集中于市中心，吸引大量交通流，远郊区偏重居住功能，缺乏配套产业和工作岗位，成为“卧城”，导致早晚高峰潮汐交通现象比较严重。

城市道路网络均存在结构性缺陷,主要表现为支路系统性不强,导致城市交通微循环难以打通,交通疏散能力弱,交通拥堵成为常态。

3.2.2 货运交通存在的问题

3.2.2.1 多式联运难以开展

集装箱多式联运中转设施不合理,大多数地方存在港站分离的状况,在“港”和“站”之间存在着两次装卸和一次专用集装箱卡车运输的情况,造成了运价的提高、时间的延长。此外,目前我国所采用的集装箱没有完全采用国际通用的标准,在多式联运过程中不能很好衔接。

3.2.2.2 城市配送障碍重重

城市物流配送中心发展滞后,配送中心规模不大,物流功能不健全、不协调的现象比较普遍,导致配送流程不能合理化,商品配送量小,社会化配送少;配送中心网点布局不合理,管理成本控制不理想。此外,城市配送存在管理瓶颈,城市配送车辆面临牌照限制、时间限制、路段限制,有些配送车辆只能趁夜里运输货物,影响了配送的时效性和便捷性。

3.2.2.3 铁路集疏港能力不足

沿海中心城市港口普遍面临铁路集疏港能力不足的问题,导致港口集疏运大量依靠公路运输,能耗、成本增加,严重干扰城市交通。

3.2.3 原因分析

3.2.3.1 城市规划与交通规划严重脱节

城市规划与交通规划在规划理念、规划体制、规划时序上严重脱节。

城市功能区布局规划缺乏对交通系统支撑能力的考虑，造成职住不均衡的问题，给交通系统造成较大压力。城市土地利用规划中不重视公共交通通道与枢纽场站、城市配送中心等的用地保障，影响交通供给能力。城市开发中不注意交通功能保障，如在次干道两侧进行高密度的居住和商业性开发，对通行能力干扰严重，影响其发挥疏散局部交通的功能，也对道路两侧商业经营所必要的有机联系造成障碍。

3.2.3.2　"汽车文化"理念不利于公交和慢行系统发展

近年来，中心城市道路建设普遍存在重视小汽车而忽视行人和公交乘客的现象。供小汽车行驶的快速路越修越多、越建越宽，而公交、自行车、行人路权和安全舒适性得不到保障，不利于形成公交、慢行出行的氛围。

3.2.3.3　"大院文化"阻碍交通网络合理布局

受传统"大院文化"影响，各单位、住宅小区构建了大量高墙大院，外人外车很难穿越，难以形成畅通的支路系统。

3.2.3.4　体制分割影响交通系统良好衔接

以往民航、铁路、公路、水路、城市交通各自为政的局面影响了城市内外交通的良好衔接和多式联运的开展。各种运输方式之间基础设施衔接不畅，价格、管理体系不统一，对构建综合交通运输体系造成不利的影响。城市配送在管理体制上仍然存在着行业分割、部门分割、市场分割，资源配置不合理，重复建设多，浪费严重。

3.2.3.5　缺乏现代化的交通运输管理手段

交通需求管理、停车管理手段缺乏，效果不明显。交通信息系统不完善，缺乏顶层设计，不能做到信息共享。收费系统落后、效率低下。

3.3 小城镇交通存在的问题

过去三十年间,中国交通基础设施规划的重点主要是大中城市之间的城际交通连接、大中城市的城市内部交通、不同交通方式在大中城市的衔接以及农村地区的公路建设和运输服务供给,较少关注小城镇的交通问题。由于缺少完整、系统的小城镇交通基础设施规划,加上小城镇的发展带来交通需求的不断增加,造成小城镇存在许多交通问题。

3.3.1 基础设施

3.3.1.1 小城镇对外交通条件普遍不良

除春运这种较为特殊的例子外,小城镇对外交通出行的主要目的地是毗邻的大中城市,因此主要的交通方式是公路及轨道交通。铁路快速化和城际轨道交通建设的相对滞后使得轨道交通的服务范围较少能覆盖到小城镇,高速公路同样也无法兼顾大部分小城镇的对外交通,小城镇更多依靠等级较低的普通公路与干线交通网络连接,对外交通条件普遍不良。

3.3.1.2 小城镇的过境交通组织普遍与城镇内部交通相互干扰

中国绝大多数小城镇的生长轴发展都依赖于过境公路,城镇形态一般是沿过境线两侧展开,过境公路同时肩负城镇主干道的功能,由此造成过境交通与城镇内部交通混杂,相互干扰严重。

3.3.1.3 小城镇内部的交通设施布局不合理、供给不足

小城镇内部交通比较典型的问题是城镇内部道路建设的规模、标

准、布局不合理，与产业、空间、城镇布局不衔接，与对外交通间的衔接和联系不足，交通系统模式单一，缺少公用停车设施、公交设施等。

合理的路网等级结构是主干道、次干道、支路长度比例为金字塔型。而实际上，我国大多数小城镇只有主干道和支路两级路网，一般沿城市南北、东西方向各有1条交通主干道，支路较多但分布不均匀，交通承载能力有限，有的间距几十米，有的间距数百米，造成道路系统的先天失调。许多地段是先建房，后通路，造成道路开辟的随意性和无序性，曲折、错位的小路多，机动车难以通行。

3.3.2 管理服务

除基础设施方面的问题外，交通服务及管理水平也较为落后。受地方财力、观念理念、管理政策等多因素影响，小城镇的交通服务水平普遍不高，主要表现为：

①公共交通服务的功能定位不清晰，功能较为单一，个人交通工具机动车逐步代替自行车和步行，挤占了中心城区道路资源，弱势群体的交通被忽视，偏远地区、弱势老人、妇女、残障者交通未被全面考虑。

②交通服务质量不高，公交设施建设不足、小城镇的交通拥堵也有快速蔓延的趋势。

③交通安全性较差，交通事故率较高等。

④交通标志、标线、停车位设置率低。小城镇的交通标志一般较少，道路交通标线不齐全，造成交通信息模糊、道路功能划分不明确等问题，极大地降低了交通效率。

⑤无信号控制交叉口较多，交叉口无渠化现象普遍。信号控制交叉口信号配时不合理现象较多。

⑥交通出行者交通法规和交通安全常识欠缺。例如多数小城镇居民交通观念较弱,不懂得交通标志、交通标线及信号灯色所代表的具体含义,随意性和盲目性比较大,没有良好的交通习惯,交通违法现象较为普遍。

3.3.3 原因分析

3.3.3.1 缺乏长远考虑和正确认识

小城镇管理者对基础设施建设与生产发展之间的关系缺乏长远的考虑和正确的认识,小城镇的交通发展得不到应有的重视。

3.3.3.2 缺乏战略规划

作为城市发展过渡时期的小城镇,既有当前的交通特征和交通需求,也面临着未来发展所带来的交通方式的变革,需要具有发展眼光和前瞻性战略策略指导。但目前中国小城镇普遍缺乏战略规划指导,城镇功能布局和道路系统缺乏远近结合的思想,没有为发展留余地,无法保证城镇功能转型和交通弹性发展的需求,难以做到可持续发展。

3.3.3.3 规划指导不足

我国在小城镇交通规划的设计原则、方法标准等方面缺少深入研究,指导性文件尚处空白,现有的规划设计既不能反映小城镇的应有特色,也不能适应现代化生活的需要。在过去的小城镇规划设计中,基本上采用大城市的指标、定额,忽视了小城镇与大城市的差别,不能满足小城镇自身和周围广大农村的需要。

3.3.3.4 资金缺乏

城镇建设资金短缺。由于历史原因,小城镇布局大多比较自由,不利于道路的建设，特别是在建设资金有限的情况下，拆迁改造难度很大。

3.3.3.5 缺乏管理和技术人才

小城镇在人才和技术方面都比较欠缺，难以制定出有远见有实效的城镇建设策略，即使通过外援得到技术支持，但在具体操作指导以及后期的建设跟进中仍然缺乏技术保障。

4 国外城镇化进程中交通运输发展的相关经验与借鉴

4.1 国外交通运输与城镇化发展关系的演进分析

4.1.1 城镇空间布局与交通网络系统的相互关系

发达国家城镇化一般都经历了从中小城市到大城市、大都市的发展过程,此后由于大城市人口过度集中而导致一系列弊端和问题,又出现了城市郊区化的现象,小城镇建设引起更多关注。美国幅员辽阔,地广人稀,加上自由市场机制的作用,城镇化呈现为城市沿公路线不断向外低密度蔓延式发展的特征;日本由于国土狭小,人口稠密,城镇化则呈现为集中型特征,交通网络呈现圈层格局;韩国开创了其城乡互动式的城镇化模式,其交通网络也呈现城乡一体化的网络群带建设特征。

4.1.1.1 城市沿公路线不断向外低密度蔓延

美国的城市化起步于19世纪30年代,到1920年时城镇化率已达到51.2%。20世纪40年代后,随着经济的发展和汽车的普及,许多城市人口移居到郊区,城市空间结构发生显著变化,由最初的紧凑和密集型向多个中心分散型转变。在空间格局上表现为城市沿公路线不断向外低密度蔓延。从交通发展方式分析,各种运输方式经过多年发展已形成综合运输网络,尤其是“二战”后,州际公路网的全面发展和汽车的普及促进了城市向外低密度蔓延。这种低密度的蔓延式扩展降低了人口密度,促进了城市与郊区、乡村之间发展差距的缩小,但是也带来诸多问题:大量森林、农田、绿地被占用,造成土地资源的浪费和生态环境的破坏;工作地与居住地的距离越来越远,在耗费通勤时间的同时,大幅度提高了能源消耗;居住区过于分散,商业服务、文化教育等设施难以配套,加大了基础设施建设的成本;老城区破旧,设施得不到更新,商业服务、文化教育、休闲娱乐的优势得不到很好发挥等。

20 世纪 90 年代以后,美国政府、城市规划者、学者和居民都开始意识到低密度城市空间布局所带来的问题,提出了“精明增长”(Smart Growth)的概念。其主要内容包括强调空间紧凑,用足城市存量空间,减少盲目扩张;鼓励乘坐公共交通工具和步行;加强土地功能的混合利用,保护开放空间和创造舒适的环境;通过鼓励、限制和保护措施,实现经济、环境和社会的协调。

4.1.1.2 集中型城镇化布局与圈层交通网络格局

日本在 20 世纪 50 年代至 70 年代中期,伴随着工业迅速发展,在政府主导下走出了一条集中型城镇化道路。日本在资源较为匮乏的情况下,实现了以大城市为核心的空间集聚模式,使得资源得以集约利用,进一步加快了日本工业化进程,支撑了其战后一个时期的经济高速增长。

高度密集的人口和频繁的经济活动产生了巨大的交通需求,日本东京等大城市交通网络大多呈单中心圈层结构布局,传统上划分为都市内圈层、都市中圈层和都市外圈层。都市核心区指中心城市内圈层;中圈层是环状联系日益增强的紧密围绕核心区的圈层范围,和核心区一起组成了都市的中心区;外圈层指与中心区存在较强通勤交通联系的都市外围地区。都市内圈层交通网络布局多呈现中心放射状,通常以轨道交通为主。内圈层网络密集分布,由于区域空间的不断拓展,交通网络密度也依据圈层由内向外递减。大运量轨道交通和快速道路基本锚固了都市区交通网络布局结构,内圈层与外圈层多以"环状+放射状"结构为主。放射状通道拓展了城市的发展空间,增加了城市外围地区至中心区的可达性,促使城郊发展一体化。

4.1.1.3 城乡一体化的城市网络群带建设

韩国始于20世纪70年代的"新农村运动"开创了城乡互动式的城镇化模式。通过新农村运动,韩国农民整体脱贫,城乡差距迅速缩小。在开展新农村运动的基础上,韩国大力推进城乡一体化的城市网络群带建设。先是实行以城市为中心,以集聚效益为目的的经济区域综合开发战略,带动农村劳动力源源不断地进入城市就业。后来,大城市人口又向周边小城镇分散,形成了多个城乡一体化的城市网络群带。韩国城镇化初期通过城际铁路、高速公路的建设建立中心城市与周边小城镇的快速运输通道,并不断完善乡村公路,使城市周围的各个小城镇联系成为一个整体,主城区与周边新城区之间的人流和物流联系大幅加强,城市范围扩大,城乡一体化进程加快。

4.1.2 国外城镇化模式与相关交通政策的关系

世界各国由于各自不同的经济与政治状况,形成了不同的城镇化发展模式。目前来看,国外的城镇化发展模式主要有三种:一是自由市场占主导的城镇化,主要以美国为代表;二是政府调控下的城镇化,主要以日本为代表;三是受殖民地经济制约的城镇化,主要以拉美国家为代表。

不同的城镇化发展模式,相关交通政策起到了不同的作用。

4.1.2.1 市场主导的城镇化,交通政策起到了重要的保障作用

美国是市场经济的典型代表,其一贯坚持和主张由市场主导调节经济,因此,在城镇化的建设中也坚持市场占主导地位,政府较少进行干预或调控。这样,市场需求成为美国城镇化的主要动力,城镇的兴起成为经济发展的自然选择。从19世纪末到20世纪70年代,伴随着工业化的快速发展和对西部地区的开发,美国城镇化在1970年就已超过70%,此后,城镇化增速开始放缓。目前,美国的城镇化水平已经超过90%。然而,这种过于市场化的城镇化发展模式也导致了一些问题的产生。由于政府在城镇化发展过程中调控手段比较薄弱,政府难以对城镇化的发展进行有效引导,从而导致城镇化出现了自由放任的发展态势,突出表现是过度郊区化、城镇建设无序、土地资源浪费严重,并随之产生了一系列社会问题。

美国在城镇化发展的过程中,政府先后制定了多个交通政策来规范城镇化发展。19世纪60年代,美国国会先后通过《太平洋铁路法案》和《现金补偿法》支持铁路建设,规定每修筑一定长度的铁路,铁路公司都将从政府得到数额不等的贷款,且铺轨两旁的土地即归铁路承建商开发利用。在这些政策的带动下,北太平洋铁路、南太平洋铁路、圣斐铁路等相继建成,贯通美国领土东西腹地,带动了铁路沿线新城镇的建设。为推进郊区化,联邦政府在1916年通过《资助道路建设法案》,改善州际道路,完善公路系统;各州也发行巨额公路债券,带动城市向郊区发展。1956年通过《高速公路法》,在之后的12年内拨款250亿美元修建了6.6万千米的州际高速公路。同时建立联邦公路信用基金,征收汽油和车辆轮胎等消费税,直接资助公路建设。截至2011年年底,美国高速公路

通车里程达88730千米,约占世界高速公路总里程的一半,连接了所有5万人以上的城市;其中54条共计6.44万千米的州际高速公路形成了横贯东西、纵贯南北的美国公路主骨架。不同时期交通政策的制定,对于更好地支持美国城镇化健康持续发展,实现区域性城镇化与城乡一体化的相互渗透和融合,起到了重要的保障作用。

4.1.2.2 政府调控式城镇化,交通规划及政策起到了重要的引领作用

政府调控式的城镇化发展模式依然建立在市场机制的基础上,不过相比美国,政府的调控在城镇化发展过程中发挥了更大的作用。在这种发展模式下,政府通过法律、行政和经济手段,有效地引导城镇化健康发展,在土地、住房、交通、环境等各个方面,政府都发挥着不可替代的作用。相比美国完全市场化的城镇化发展模式,政府调控式城镇化发展模式通过政府调控,更好地处理了城镇化与经济、社会、环境等各方面协调发展的关系。

以日本为例,为了缓解大都市圈的过度集聚所带来的区域发展不平衡问题,日本政府自20世纪60年代起,先后制定五次全国综合开发规划(分别是1961~1968年、1969~1976年、1977~1986年、1987~1997年、1998年至今)和一系列法规,并编制三大都市圈发展规划。日本早在明治维新时代就已确立了交通先行的城市发展政策,此后一贯重视交通发展并颁布了一系列法规,除《城市规划法》外,还有更高层面的《国土利用规划法》和《国家主干高速公路建设法》等。在交通现代化进程中,日本的全面城市化也在同时进行。在交通系统的策划组织过程中,日本首先考虑轨道交通系统的规划发展要求,然后再综合布置高速道路和其他交通方式,依靠快速轨道交通干线把大城市及其影响地区组合成

为一种多中心的城市结构体系。在这样的城市交通发展策略和措施下，日本通过快速轨道交通发展居住区和工业区，用轨道交通引导新城市组团的发展，在土地总量较少的地区实现高度发达的工业化和城市化的目标。从日本的经验不难看出，交通现代化发展与新型城镇化发展有着密切的联系，交通相关政策及规划的制定，对城镇化的快速发展具有重要的引领作用。

4.1.2.3 受殖民地经济制约的城镇化，交通政策缺失影响了城镇化的质量

受历史上长期西方殖民统治的影响，拉美国家城镇化的特点是工业化发展严重落后于城镇化步伐，造成了城镇化的过度发展。拉美国家尽管名义上的城镇化率与西方国家接近，但是经济发展水平却远远低于西方国家，由此引发了一系列的“城市病”，如空气质量恶化、水源污染、交通堵塞、住宅拥挤、贫民区无序扩张、犯罪率上升等经济、社会和环境问题。

拉美国家的过度城市化，交通规划缺失、交通建设滞后，相关交通保障政策的不足，造成了城镇化过程中的交通堵塞、环境污染等社会问题，严重影响了城镇化的质量和水平。

4.1.3 国外交通运输在城镇化发展过程中的作用

4.1.3.1 交通网络布局在城镇化空间布局中起到了“纲举目张”的作用

①运输通道是城镇空间布局的主骨架，对城镇空间布局具有重要的集聚与带动作用。美国在1830~1850年建成了5条连接东西的铁路线路，形成了横贯东西的运输大通道，铁路大通道的建设带来了人口的大

迁移,极大地推动了美国西部城镇化进程。1850~1880年,加州的人口增长了近8倍。1860~1910年,美国10万人以上的城市由9个增至50个,虽然东西部的城市数量都在增加,但西部增加的数量大于东部,西部地区的城镇化率有了很大的提高。随着铁路的铺设和延伸,原有城市迅速发展,不仅形成像圣迭戈、洛杉矶、旧金山、西雅图这样的地区中心城市,而且产生了城市发展的倍增效应,一批沿五大铁路线建立的中小城市如雨后春笋,茁壮成长。19世纪初,芝加哥还是人迹罕到之处,1880年芝加哥市人口达50万,1890年达100万,1900年增至200万,一跃成为美国第二大城市。城镇空间布局与交通运输通道的发展呈现一致的布局轴线。

②宏观交通枢纽城市是城镇化发展的重要载体,对于城镇群空间分布具有重要的衔接和纽带作用。城市是区域资源要素的汇集中心,是区域经济社会活动最为活跃和频繁的地区,在区域经济社会发展中能够产生显著的聚集、辐射和带动效应,是城镇化发展的重要载体和核心引擎。交通枢纽城市在城市体系中具有优越交通地理区位、便利交通运输条件,能够在交通网络节点上发挥客货流组织作用,通过运输通道的"廊道经济"效应以及枢纽城市自身的"枢纽经济"效应,更为高效地促进人员、物资、资金、信息、技术以及先进理念等由枢纽城市向周边小城市、小城镇及农村等地的辐射和流动,在构建合理有序的城镇群空间结构形态,推进城镇化发展过程中,既发挥着重要的支撑和引导作用,也具有重要的衔接和纽带作用。在英国城市化进程中,形成了大伦敦市、兰开夏东南部城市群、西米德兰城市群、西约克城市群、莫西地带城市群和泰因地带城市群等6大城市群,伦敦作为"四大世界级城市"之一,在其城镇群形成过程中发挥了重要的衔接和纽带作用。

③微观交通枢纽站场是城镇化发展的重要支撑，对于城镇空间形态具有重要锚固作用。交通枢纽站场是城镇重要的交通基础设施，是客货运输具体的组织和运作中心，其不仅能够实现多种交通运输方式的有效衔接，更承接着交通功能与经济、社会、文化等城市功能的深入融合，其在城市以及城镇空间体系中的布局建设，对于引导和锚固城镇空间形态，推进城镇化健康有序发展具有重要作用。从国际实践来看，围绕交通枢纽站场打造城市综合体（以高铁车站、城际铁路车站等为主，集交通、商业、餐饮、会展、金融、信息、旅游等为一体）、产业综合体（以机场、港口、物流园区等为主，集生产、加工、运输、仓储、金融、保险以及其他增值服务等为一体），已经成为发达国家及地区交通枢纽站场发展的主流趋势。从本质上看，依托综合交通枢纽打造城市或者产业综合体，其核心本质是通过不同功能设施的集中布局、土地等资源的集约高效利用，形成以枢纽站场为中心的场所经济和极化经济效应，进而提升区域整体发展的效率和能级。从综合体在城市以及城镇空间体系中的布局来看，也已由过去的“一点”拓为“一片”，即由传统的枢纽站点拓展为枢纽区域，其集约化、复合化、系统化的融合发展理念，体现了城镇化的核心发展要求，必然会对城镇空间形态的整体构架特别是城镇新区的发展产生重要的带动和引领作用。如法国戴高乐机场、德国法兰克福站、英国希斯罗机场、日本大阪梅田车站、美国肯尼迪国际机场等都对所在城市城镇空间形态的整体构架起到了重要的锚固作用。

4.1.3.2 发达的交通网络加速了产业集聚，推动了城镇经济发展

产业布局大多围绕着交通走廊展开，使得沿线经济带成为区域经济发展的新增长极。128 公路是美国马萨诸塞州波士顿市的一条半环形公路，修建于 1951 年，距波士顿市区约 16 千米，将波士顿地区的数十个

城镇连接起来，为高科技产业发展提供了空间的联系和组织条件。现在128公路沿线两侧聚集了数以千计的从事高技术研究、发展和生产的机构和公司，成为128公路高技术区，是世界上知名的电子工业中心，形成了著名的128公路经济带。据统计，以128号公路和硅谷为典型代表的美国东、西海岸两条技术经济产业带，其经济总量占到了全美国的85%，其创造的先进技术和产业使得美国在联合国定义的27项高科技产业集群中的19项居全球领先，并牢牢控制着全球经济产业链的上游与高科技含量、高附加值的部分。交通的发展推动了产业和人口的集聚，并最终促进了所在城镇经济的发展。

4.1.3.3 交通运输集约高效的发展思路，影响着城镇化的发展模式

交通运输集约高效的发展思路主要指TOD发展理念和模式。TOD是指“以公共交通为导向的发展模式”，其中的公共交通主要是指火车站、机场、地铁、轻轨等轨道交通及巴士干线，以公交站点为中心、以400~800米(5~10分钟步行路程)为半径建立中心广场或城市中心，其特点在于集工作、商业、文化、教育、居住等为一身的“混合用地”，使居民和雇员在不排斥小汽车的同时能方便地选用公交、自行车、步行等多种出行方式。交通运输集约高效的发展思路带动了城镇化过程中重建地块、填充地块和新开发土地均以TOD的理念来建造，铸就了城镇化以人为本、集约高效、绿色低碳的发展原则。

以日本为例，日本轨道交通企业最主要的经营战略是同时进行土地经营和铁道经营。日本东急集团的轨道交通与房地产的综合开发策略非常成功。多摩田园都市(Tama Garden City)是东急集团新城开发项目中比较有名的，该项目位于东京西南郊，距离东京15~35千米，原来是

丘陵带,人烟稀少。1959~1989年,东急集团联合已获得沿线廉价土地的其他公司,统一对沿线土地进行规划、铁路建设及基础设施配套,每年开发约1平方千米。规划新城建成后,占地50平方千米,人口50万,同时建设了一条30千米的新地铁线(多摩田园都市线),连接新城与东京市中心。交通运输TOD发展的理念影响了日本城镇化发展的思路和原则。

4.2 国外交通运输在引导城市群发展中的经验做法

4.2.1 国外城市群概况

城市群的产生是城镇化发展到高级阶段的表现形式之一。由于城镇化的高度发展以及城市间的巨大作用,致使城市地域范围扩大和城市数量增多,城市间的地域界限相互蔓延,形成连成一片的城市与乡村混合的区域。在经历了以大城市为主的城镇化之后,区域城市化、城市区域化成为目前城镇化的主要特征。

目前,世界发达国家成熟的城市群主要包括:

①美国东海岸城市群,北起波士顿、南至华盛顿,以波士顿、纽约、费城、巴尔迪摩、华盛顿等城市为中心城市,其间分布着萨默尔维尔、伍斯特、普罗维登斯、哈特福德、纽黑文、帕特森、特伦敦、威明尔顿等中等城市。

②美国中部的五大湖地区城市群,东起纽约,西沿五大湖南岸至芝加哥,其间分布有匹兹堡、克里夫兰、托里多、底特律等大城市。

③美国西海岸城市群,南起加利福尼亚的圣地亚哥,向北贯穿洛杉

矶、圣巴巴拉、圣何塞到旧金山湾地区。

④德国莱茵—鲁尔城市群,包括科隆、杜塞尔多夫、杜伊斯堡、埃森、多特蒙德等数个50万人口以上的城市和波恩、门兴格拉德巴赫、克雷菲尔德、波鸿等20多个人口在10万以上的城市。

⑤荷兰兰斯塔德城市群,包括鹿特丹、海牙、阿姆斯特丹、乌德勒支等大城市以及周边的许多城镇。

⑥日本东海岸城市群,以东京、名古屋、大阪三大城市为核心,包括横滨、川崎、京都、神户等大城市。

4.2.2 发展理念

4.2.2.1 精明增长

20世纪90年代末,美国社会逐渐意识到在城镇化过程中的过度"郊区化"发展带来的诸多问题:低密度的城市无序蔓延,人口涌向郊区建房,消耗大量农田,城市越来越远,导致能耗过多、上班通勤距离太长等各种"城市病"。Burchell等将"城市蔓延"(Urban Sprawl)归结为以下8个方面:低密度的土地开发;空间分离、单一功能的土地利用;"蛙跳式"(Leapfrog Development)或零散的扩展形态;带状商业开发(Strip Retail Development);依赖小汽车交通的土地开发;牺牲城市中心的发展而进行城市边缘地区的开发;就业岗位分散;农业用地和开敞空间消失。

与之形成鲜明对比,欧洲国家在城镇化进程中的"紧凑发展"使城市群及城市保持了紧凑而高密度的形态,被普遍认为是居住和工作的理想环境。在借鉴欧洲经验的基础上,美国社会提出了"精明增长"(Smart Growth)的概念,倡导在提高土地利用效率的基础上控制城市扩张、保护生态环境、服务经济发展、促进城乡协调发展和人们生活质量的提高。

目前,美国阻止城市低密度、无序蔓延的主要手段是采取土地管制、保留开敞空间和绿地、增加居住密度等,主要做法包括:

①将人口和就业集中于规划的公共交通走廊附近。

②采用 TOD 模式进行以公交站点为中心的组团式开发。

③增加公共交通设施(轻轨、公交),并采用灵活的公交调运方式。

④通过交通需求管理技术,最大化提高现有公路系统的使用效率。

⑤放弃原有的高速公路修建计划,转而将资金用于公共交通的改善。

4.2.2.2 公交优先

欧美发达国家在二战后经历私家车的繁荣之后,逐步意识到私人小汽车所带来的诸多弊病:环境污染、能源消耗、交通拥堵、土地低效使用等。现在,即使美国这样传统以私家车为主要地面交通出行方式的国家,也开始大力提倡发展公共交通。

公交优先的理念不仅仅局限于大城市,在城市群和小城镇的发展上,也逐步成为共识。公交优先理念不仅涉及资金问题,而且与土地规划、需求引导以及民众观念普及等问题息息相关。而其中,最广泛提到的就是 TOD(Transit Oriented Development)模式,即以公共交通为导向的城镇发展模式。TOD 模式中的公共交通主要是指地铁、轻轨、城际火车等轨道交通及客运巴士、飞机等交通工具,以公共交通枢纽为核心。TOD 模式的特点是集居住、工作、商业、商务、文化、教育、娱乐等为一体的"混合用地",引导居民和上班人员在不排斥私人汽车的同时能便捷地选择公共交通等多种方式出行。不论是城市规划、新区开发还是填充地块和重建地块都可以用 TOD 的理念来建造。这种围绕地铁、轻轨、城际列车和快速公交线路及站点周围进行高密度复合开发的模式,可以有效促进区域经济的有序增长,引导形成功能复合、布局紧凑、以人为本的可持续发展城镇形态。在有效的空间内,TOD 模式通过公共交通系统有效带动卫星城和新城区的开发建设,从而推动整个区域的经济发展。

4.2.3 规划特点

4.2.3.1 高强度、复合型的运输通道

尽管世界各国城市群的城镇体系布局结构存在很大的不同,但是其中的核心城市之间往往存在高强度的运输需求。为适应这种需求,主要核心城市之间逐渐形成了高强度的运输走廊(通道),这种高强度、多样化运输需求难以由单一方式主导供给,因此,这种运输走廊(通道)大多包含公路、铁路甚至水路等多种运输方式。同时,这种高强度、复合型的运输走廊又进一步推动了产业在该地区的集聚。以下以德国"莱茵—鲁尔"城市群说明这种高强度、复合型的运输走廊(通道)。

德国的莱茵—鲁尔区拥有欧洲最密集的公路网络,包括数十条高速公路和快速国道干线,其中 A1、A2、A3、A4 等高速公路是全国重要的交通干线,A31、A40、A42、A43、A44、A45、A59 等高速公路是区域重要的交通干线,而 A443、A445、A516、A560、A565 等高速公路则是县市之间重要的交通干线。但是由于交通流量巨大,这些线路仍然经常出现拥堵,未来计划通过 OLSIM、Ruhrpilot、RVR - Projekt (Information System Verkehr Ruhrgebiet)等交通信息化项目,进一步提高这些公路的通行效率,减少拥堵。

除了主要运行于德国 1、2 级站的干线铁路 ICE(Inter City Express)和 IC(Inter City)之外,莱茵—鲁尔区的地方铁路网络(如图 4-1 所示)也

非常发达,包括 RE(Regional Express)、RB(Regional Bahn)和 S-Bahn (Stadt Bahn),基本可以通达区域内的每一个城镇。其中杜塞尔多夫—杜伊斯堡—埃森—波鸿—多特蒙德—哈姆沿线集中了最主要的通勤等客流量,几乎所有的 RE 线都经过这一路段,构成大容量的铁路运输走廊。为了进一步提高运能,自 2015 年之后,这种 RE 城际铁路的发车间隔缩短至 15 分钟。

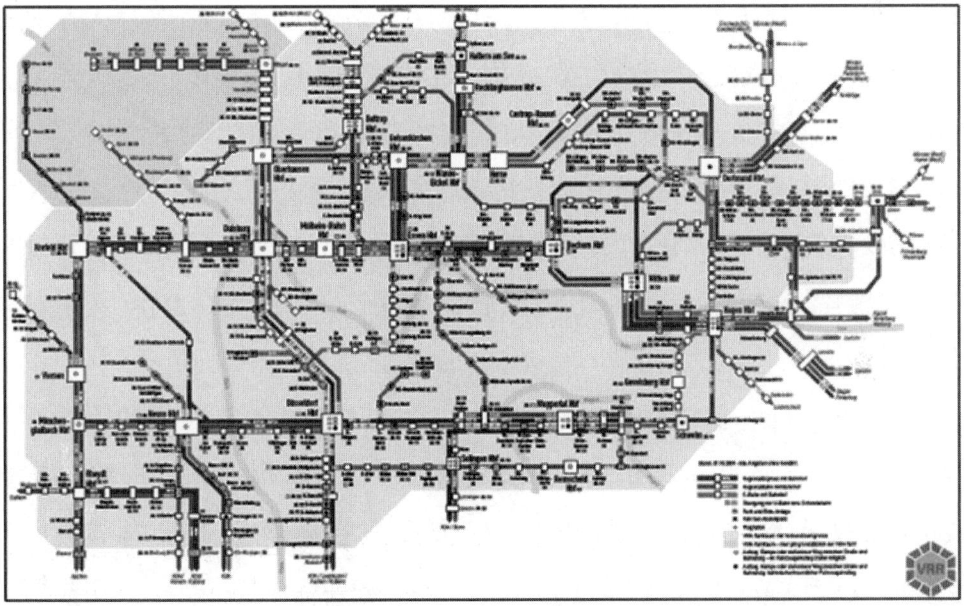

图 4-1 德国莱茵—鲁尔区地方铁路网络图

4.2.3.2 综合性的客货运枢纽

对于客运而言,城市群内的城际旅客对于出行便捷程度和换乘时间的敏感度大大高于长途旅客。因此,需要在运输起讫点有着良好的集疏运条件来保证出行的顺畅。而对于货运而言,城市群往往是国家经济产业集聚的地区,需要满足货物大批量、多频次进出和中转的需要。

在发达国家成熟的城市群中,配合大容量、复合型的运输走廊,往往在核心城市建有综合性的客运枢纽和货运枢纽(物流园区),对庞大的客流和货流进行快速集散。

在客运方面,德国将重点火车站基本都建成或改造为综合性的客运枢纽,实现铁路与其他运输方式的无缝衔接。在莱茵—鲁尔区,根据德国国家铁路公司(Deutschen Bahn)的分类,莱茵—鲁尔区拥有科隆、杜塞尔多夫、多特蒙德、埃森、杜伊斯堡中心火车站和科隆会展中心火车站等6个1级站,以及波鸿、波恩、索林根、哈姆、奥伯豪森等多个2级站。其中科隆、杜塞尔多夫等城市中心火车站都与城市交通(包括公共汽车、有轨电车、地铁)实现了无缝衔接,杜塞尔多夫机场火车站则与杜塞尔多夫国际机场实现了一体化建设。部分客运枢纽已不再仅仅是一座普通的乘客停留站,而是纳入各种不同性质的服务项目,成为一定意义上的城市综合体。

在货运方面,德国的莱茵—鲁尔地区建立了十余个重要的货运枢纽(物流园区)。这些货运枢纽(物流园区)都至少有两种相连接的运输方式(主要是公—铁组合型和公—水组合型),在园区周围或内部有中转换装的设施设备,以达到便捷运转的目的。这些枢纽的所有者和投资方很多样化,既有德国国家铁路公司自建的,也有私人公司在联邦政府(或地方政府)资助建设的,以及私人公司完全自主投资建设的。

4.2.4 工作机制

城市群交通在运营管理等工作机制方面与城市交通最大的区别在于,城市群涉及多个行政主体,必须协调处理好交通运输在不同行政区域内的规划建设、运营管理等问题。通过分析西方发达国家的成功经验，以下两点最能体现城市群的区域性特点，也最值得我们借鉴：一是进行跨行政区的规划和管理，二是以运输联盟形式推进“一票制”联程联运（注：货物多式联运更强调货物在整个国家、甚至全球的调配和运输，而城市群的区域特征并不明显，故这里没有将其列入）。

4.2.4.1　跨行政区的规划和管理

在实践方面，尽管我国已经开始注重大区域的协调问题，并且已制定了一些跨行政区的规划（比如《京津冀地区战略发展规划》和《长江三角洲地区区域规划》），但是尚未形成规划和管理工作的常态化机制。在这方面，美国的大都市区规划组织和法国的城市交通服务区值得借鉴。

（1）美国的大都市区规划组织

美国的大都市区规划组织（Metropolitan Planning Organization，MPO），是由联邦政府管理和开支的区域性运输政策制定机构。美国国会1962年通过的《联邦资助公路法》规定，所有人口超过5万人的城镇化地区（Urbanized Area，UZA）都要成立大都市区规划组织。

作为大都市区规划组织的最高决策部门，政策委员会的成员包括：

①由地方政府（市或县）选举或指派的官员。

②不同运输方式的代表，比如公共交通、货运、自行车/行人。

③联邦州政府官员，比如来自州运输部、州环境署。

④非投票成员，比如来自联邦公路局（FHWA）、联邦铁路局（FRA）、联邦航空局（FAA）、联邦公共交通局（FTA）。

大都市区规划组织的主要功能包括：

①提供一个平台：为制定有效的区域性交通运输政策提供一个公平公正的平台。

②评估方案:评估各种方案,根据地区的规模等实际情况进行调整。

③制定长期交通规划:制定和修编具有资金约束性的长期交通规划(一般时间跨度至少20年),改善旅客和货物运输的机动性和衔接性、运输系统的绩效和居民的生活质量。

④制定交通改善计划:根据长期交通规划制定具有资金约束性的交通改善计划。

⑤引入公众参与:在以上四种功能中充分引入公众和利益相关方的参与。

⑥保护空气质量:交通规划、项目必须符合环境质量计划。

1991年,美国国会颁布的《多式联运地面运输效率法案》(简称"冰茶法案")进一步强化了MPO的地位,要求州运输部官员必须与地方政府的运输官员在MPO的层面就具体项目的优先级和决策问题深入协商。这些变化来源于日益难以解决的交通问题,尤其是伴随着城市郊区化而日渐严重的交通拥堵。许多人士认为这些问题的解决有赖于联邦政府对区域一体化规划的更大支持。

"冰茶法案"要求融合多种运输方式(包括公路、公共交通、航空、海运、自行车、行人),实现旅客和货物在各种方式之间的无缝衔接。新的资助方案在资金使用权上赋予了地方政府更大的灵活性,尤其是将过去被严格限制用途的公路资金用于支持公共交通的发展,改善不同运输方式之间的衔接,并且相对于新建基础设施(特别是公路设施),更加强调升级改造现有设施。此外,为了更好地制定区域交通规划,"冰茶法案"将原有的MPO运营预算加倍,并且要求其评估一系列的多式联运的方案,以解决公路拥堵等交通问题。

(2)法国城市交通服务区

法国1949年11月颁发的国家法令提出了"城市交通服务区"(PTU)的概念:参照相关市镇的建成区范围,如果单个市镇独立组织自己的城市公交,PTU就是其市域行政边界,如果若干个市镇共同组织建设城市交通网络,PTU就是这些市镇行政辖区的总和。1973年的法令对其进行了修改,城市交通服务区不再参照各市镇的行政边界划定,而只涉及公共交通服务网络覆盖到的建成区部分,与固定不变的行政区划不同,城市交通服务区可能随着城市公共交通网络的建成而发展变化。1982年颁布的《国家内部交通组织方针法》(LOTI)进一步肯定了城市交通服务区作为地方政府组织城市公共交通的合法空间范围。

由于城市交通服务区通常覆盖着多个市镇,其范围与各市镇的行政区划没有直接关系,城市公交网路的建设与管理事务相应地从各市镇政府中分离出来,实施统一的专门管理,产生了由相关市镇市议员组成的城市交通管理委员会(AOTU)❶。城市交通管理委员会是相关市镇为统一组织,管理城市公共交通而组成的联合体,其组织形式多样❷。除巴黎大区外,法国各地方城市公共交通基础设施网络的所有权都属于城市交通管理委员会。委员会不仅担负着公交基础设施投资建设的任务,还需要支付公交承运企业的运营成本并共同承担风险。前一部分可以获得一些中央财政的资助,后一部分开支则主要依靠"城市交通税"(VT)的收入,缺口部分由地方财政补齐。

1973年法国以法律形式作出规定,当一个城市交通服务区内的人口总数超过30万人时,其城市交通管理委员会就有权在该区域范围内

---

❶ "城市交通管理委员会"具有自发性的"俱乐部"性质,每个市镇在任何时候都具有加入或退出这一组织的绝对自由,而加入该组织的市镇也仍然保留着在本市镇范围内对合作协商的合作。

❷ 市镇也可以不参加任何联合体,独立地组织发展自己的城市公共交通。在这种情况下,该市镇政府就担当着城市交通管理委员会的职责。

征收城市交通税,1974 年和 1982 年又分别出台法律将这一人口门槛分别降低至 10 万和 3 万。这一税收政策在一定程度上鼓励了中小市镇在发展城市公共交通时组成联合体,以达到法律规定的征收城市交通税的人口门槛。更为重要的是,它使得地方的城市交通管理委员会有了稳定的可以自由支配的收入。

4.2.4.2 以运输联盟形式推进“一票制”联程联运

除了通过运输走廊(通道)和客货运枢纽等基础设施强化城市群内部城镇之间的联系之外,一体化的运输服务同样非常重要。目前西方发达国家在此方面最重要的举措是以运输联盟的形式在城市群等区域范围推进“一票制”联程联运。这部分最典型的就是德国的公共运输企业联盟。

德国地方政府鼓励相邻市/县成立跨行政区域的运输联盟,协调各个成员运输公司的运输资源,打破运输方式(如公共汽车、地方铁路、城市轨道交通)和行政区域(不同的市、县)的界限,实现区域内的“一票制”联程联运。下面以德国莱茵—鲁尔运输联盟为例介绍德国的公共运输企业联盟。

德国莱茵—鲁尔运输联盟(Verkehrsverbund Rhein-Ruhr,VRR)最初成立于 1980 年,经过 30 年的发展,现已成为欧洲最大的运输联盟,服务范围覆盖 7300 平方千米,包括 16 个市和 7 个县。北威州的公共交通法赋予莱茵—鲁尔运输联盟的管理机构的主要职责包括:参与区域范围的地方铁路的规划、组织和投资,打造区域内一体化的运输系统(包括“一票制”、协调运行时刻表)。

目前该联盟成员包括 39 家公共交通运营企业,2012 年地方铁路营运线路 50 条,营运量 4560 万车 · 千米,地方城市交通营运线路 978 条,营运量 23473.1 万车 · 千米(如表 4-1 所示)。

德国莱茵—鲁尔运输联盟的地方铁路和公共交通营运情况 表 4-1

类　　型	线路(单位:条)		营运量(单位:百万车·千米)	
	2011	2012	2011	2012
地方铁路				
城市铁路(S-Bahn)	11	11	18.41	18.41
地方快速铁路(Regional express)	16	15	16.46	16.48
地方普快铁路(Regional bahn)	24	24	10.72	10.71
地方铁路总计	51	50	45.95	45.60
地方城市公共交通				
地铁(Stadt bahn)	19	19	12.304	12.354
悬挂列车(Schwebe bahn)	1	1	1.708	1.476
有轨电车(Straben bahn)	46	45	30.15	30.121
无人悬挂列车(H-Bahn/Sky Train)	1	1	0.443	0.464
公共汽车(Omni bus)	919	906	186.952	187.455
无轨电车(O-Bus)	6	6	2886	2861
地方城市公共交通总计	992	978	234.308	234.731

注:数据来源 VRR Verbundbericht 2012/2013。

莱茵—鲁尔运输联盟整合了区域内各个公共交通运营企业的资源,将整个区域划分为若干个计费区域,平均每个县/市对应一个计费区域(少数大的城市如多特蒙德、杜塞尔多夫对应两个计费区域)。这种按照区域进行计价的方式,打破了公共汽车、地方铁路、城市轨道交通的界限,在整个莱茵—鲁尔区实现了"一票制"联程联运,提供全程的乘车路线图和时刻表。

专栏:德国莱茵—鲁尔区域联程联运票实例❶

3.Fahrtempfehlung Montag:30.60.2014, Abfahrt um 09:18 Uhr

09:18 Uhr ab Start 09:18 Uhr an Dortmund Sengsbank	Fuβweg ca06 Minuten
09:24 Uhr ab Dortmund Sengsbank 09:26 Uhr an Dortmund Dorstfeld S	Bus 466 Dortmund Bandelstraβe
09:30 Uhr ab Dortmund Dorstfeld S Gleis 6 09:33 Uhr an Dortmund Hbf Gleis 6 Linie S2:Fahrradmitnahme begrenzr moglich Linie S2:Fahrzeuggebundene Einstiegshilfe vorhanden	S-Bahn S2 Dortmund Hbf
09:45 Uhr ab Dortmund Hbf Gleis 16 10:37 Uhr an Dusseldorf Hbf Gleis 16 Fahrradmitnahme begrenzt moglich Fahrzeuggebundene Einstiegshilfe vorhanden	R-Bahn RE1 Aachen HBf
10:45 Uhr ab Dusseldorf Hbf Bstg.1 10:48 Uhr an D-Heinrich-Heine-Allee Bstg.1	U-Bahn U78 D-ESPRIT arena/Messe Nord

Zeitbedarf(Stunden:Minuten) 01:30
Fahrpreis Erwachsene 13.10 EUR, Kinder 1.5 EUR(Preisstufe D)

起点:多特蒙德市 Adalbert 大街

终点:杜塞尔多夫市 Heinrich-Heine 大街

出发时间:2014 年 6 月 30 日上午 09:18

路线:① 09:18-09:24 步行到达 Sengsbank 公交车站;

② 09:24-09:26 乘坐 466 路公共汽车到达多特蒙德市 Dorstfeld 火车站;

③ 09:30-09:33 在 Dorstfeld 火车站的 6 号站台乘坐 S-2 号铁路线到达多特蒙德中心火车站(DBHbf)的 6 号站台;

④ 09:45-10:37 在 DBHbf 的 16 号站台乘坐 RE-1 号铁路线到达杜塞尔多夫中心火车站(DüHbf)的 16 号站台;

⑤ 10:45-10:48 在 DüHbf 的 1 号地铁站台乘坐 78 路地铁到达终点。

全程:1 小时 30 分钟

票价:13.10 欧元(成人),1.5 欧元(儿童)

❶ 数据来源 http://efa.vrr.de/。

4.3　国外交通运输在引导城市发展中的经验做法

4.3.1　国外交通运输在引导大城市发展中的经验做法

4.3.1.1　大城市发展的一般规律

(1)国外典型大城市总体发展过程

①伦敦

早在公元2世纪伦敦就成为英国当时最大的城镇。公元12世纪，随着封建统治的不断巩固以及基督教会权利的扩大，伦敦逐渐演变出现在伦敦城的雏形。在18世纪和19世纪，伦敦迎来了急速发展的时期，人口与规模不断增加，到19世纪初人口达到了100万，伦敦城区也扩大到了相邻的郡，并形成了都市区。1831年，伦敦人口已经超过了150万，此时的伦敦不仅是欧洲的商业金融中心，也是当时世界上的第一大都市。19世纪下半叶到20世纪上半叶是伦敦快速工业化和城市化的阶段，进入20世纪后，伦敦人口已经达到了660万，是全世界最大的城市。二战后，英国开始重建的标志之一就是大伦敦规划。在大伦敦规划中体现了"组合城市"概念，当时被纳入大伦敦地区的面积为6731平方千米，人口为1250万人，规划方案在距伦敦中心半径约为48千米的范围内，由内到外划分了四层地域圈，即内圈、近郊圈、绿带圈与外圈。

伴随着伦敦都市地区的不断扩大增长，人口离心化趋势日益明显，外围郊区迅速发展的同时，内城则出现了严重的衰落。20世纪70年代，英国政府调整了疏散中心城区并建立卫星城的有关政策，并于1978年通过了《内城法》，开始注重旧城改建以及保护工作。1992年，伦敦战略规划委员会提出了伦敦战略规划白皮书。

进入21世纪后,伦敦希望再塑竞争力,随着大伦敦政府的成立、创意产业的迅速发展以及伦敦发展战略规划的制定和实施,伦敦作为世界性大城市的作用和地位进一步巩固。

②巴黎

巴黎位于巴黎盆地中央的塞纳河畔,公元4世纪建成,经历了几个不同的发展阶段。

从人口数量上看。公元4世纪至12世纪,巴黎为主教所控制,因此宗教与商业是其特色,吸引范围主要为法国北部地区。自从13世纪卡比廷王朝在此建都之后,巴黎区一直为法国的政治、经济、文化和交通中心。巴黎的人口规模由13世纪的10万、17世纪的50万、19世纪末的200万,发展到20世纪40年代末的470万、70年代末的近1000万。2003年,巴黎市区面积105平方千米,人口200多万,包括近郊3省和远郊4省在内的巴黎大区面积约为12000平方千米,人口1100多万。巴黎大区的面积占全国的近三分之一。截至2013年,巴黎中心城区面积105.4平方千米,人口248.3万人。

从空间形态上看。从1932年法国颁布法令设立巴黎地区直到1994年《法兰西岛地区发展指导纲要(1990—2015)》编制完成,巴黎政府一直在不断探索、发展巴黎的城市规划,如表4-2所示。

由表4-2可以看出,1965年是巴黎城市规划的转折点,巴黎地区城市规划实现了从“以限制为主”到“以发展为主”的发展战略的转变。1965年以前主要采用强制性的限制政策,压缩巴黎发展规模,而1965年之后的规划方案将人为限制转变成了有计划地为城市建设寻找新的发展空间。城市发展空间扩大,解决城市问题的途径增加,多中心的空间概念也从城市建成区延伸到整个巴黎地区,从而使区域的城市空间布局更具灵活性,适应了世界城市竞争的时代要求。

巴黎城市规划政策的变化历程　　表 4-2

规划名称	出台时间	主 要 内 容
PROST 规划	1934 年	对巴黎地区向郊区膨胀的现象进行控制，从区域高度对城市建成区进行调整和完善
PARP 规划	1956 年	在限制巴黎地区人口规模增长的前提下，通过划定城市建设区范围来限制巴黎地区城市空间的扩展，同时致力于降低巴黎中心区密度、提高郊区密度、促进区域均衡发展
PADOG 规划	1960 年	通过限定城市建设区范围来遏止郊区蔓延，追求地区整体均衡发展
SDAURP 规划	1965 年	完善现有城市聚集区的同时，有意识地在其外围地区为新的城市化提供可能的发展空间
SDAURIF 规划	1976 年	除继续强调城市扩展和空间重组是城市发展中不可偏颇的两个方面之外，还重视对现状建成区的改造与完善，主张加强保护自然空间，在城市化地区内部开辟更多的公共绿色空间
SDRIF 规划	1994 年	首先确定了土地利用基本原则，其次扩大城市综合规模，再次注重社会、文化、环境等人为因素在城市空间的整合

③东京

日本的城市规划分为三个明显的阶段，即明治及大正时期的城市规划、战后的城市复兴规划、经济高速增长时期的城市规划。

●明治及大正时期的城市规划

自 1859 年横滨港口开放以来，西方文明开始传入日本。最初的城市规划是明治五年的《银座砖街建造规划》，对于新生的明治政府来说，《银座砖街建造规划》计划将银座土地发展为商业街，对日本来说是具有划时代意义的城市规划。但是由于明治政府无法购买到土地，不得不缩减规划规模以致最终放弃了此规划。根据 1888 年公布的《市区修建条例》以及 1903 年公布的《市区修建新设计》，东京修建了一些基本公共设施,如道路、桥梁等,但是却并没有对东京这个城市的建造进行规划。随着近代化城市的急速发展,江户时代的城市布局急速解体,变成了杂乱无章的城市布局。明治后半期到大正中期,城市急速发展起来。为了适应当时的现状,日本政府于1919年废除《市区修建条例》,并于同年4月5日颁布了《城市规划法》及《市街地建筑物法》,以上两条法规本是为了整治第一次世界大战后出现的城市郊区无秩序开发现象而制定的,但由于其实施后不久的1923年关东大地震把整个东京市面积的44%烧为灰烬,最终只能以震灾后事业复兴、土地区划整治而告终。

●战后的城市复兴规划

1945年,日本战败后,日本政府出台了《战灾地复兴规划基本方针》,从此开始了战后的城市复兴。日本政府在战后复兴事业中逐渐认识到土地区划的重要性并加以重视。在战后的复兴事业中,全国约120个罹灾城市发生了很大的变化,东京的城市复兴规划是日本全国城市复兴规划中的重中之重。昭和21年,东京制定了《东京城市震灾复兴规划》。这个规划,是东京区所属部分的城市规划,在周边规划卫星城市、外围城市,把区所属部分的人口控制在350万人;土地利用方面,采用环状空间地带布局,在其中规划出了绿化带,绿化带的面积约190平方千米,相当于区所属部分的面积的33.9%。

●经济高速增长时期的城市规划

1958年,日本政府制定了作为东京大都市圈(首都圈)地方规划的首都圈建造规划。此规划的内容是,把规划区域划分为市区、近郊、周边地区,限制市区的无限扩展。1959年,日本政府制定了有关修建首都高速公路的城市规划,加强了道路建设,开通了东京单轨铁路、东海道新干线。1961年东京都政府制定了特定街区制度,1963年解除了建筑物绝对高度限制。日本经济高速增长时期，日本的城市也急速发展壮大起来。20世纪80年代，人口、产业等大量涌向东京，导致市区进一步无限制扩大，出现了向东京一极集中的现象。

（2）国外大城市发展阶段

自20世纪以来，发达地区的城市化进程先后经历了城市化、郊区化、逆城市化和再城市化四个阶段。

①城市化阶段

城市化阶段出现于20世纪50年代。在这个时期国外很多大城市人口均出现了迅速增长，具体表现为农村人口向城市迁移、城市人口逐渐向大城市集中。

20世纪50年代，发达地区的工业、服务行业的增长十分迅速，带动战后经济迅速复苏，大大增加了非农产业的就业机会，其中大城市的就业机会增长更加明显，进而导致劳动人口不断向大城市集中，造成大多数城市的中心地区比中心以外的地区人口增长更快，这些都是城市化阶段显著的特征。

②郊区化阶段

郊区化阶段主要发生在20世纪60年代。郊区化阶段具有两个特征，即中心城区人口增长率下降以及郊区人口增长率的上升。

20世纪50年代后，一方面由于大城市人口爆发性增长，市区土地价格不断上涨，另一方面高等级公路的不断建设以及小汽车的普及，导致了城市近郊的人口大量增加，之后位于城市建成区域以外的远郊人口也迅速增加。在郊区化的过程中，首先是住宅人口郊区化，随后引发了商业、服务业、工厂等向郊区的转移，最后高新科技部门也转移到了郊区。由于郊区化的发展，郊区的特点渐渐消失，城市和郊区之间的区别日益模糊,城乡一体化基本实现。

虽然在郊区化阶段,大城市区域的人口增长率有所下降,但是总的来看大城市区域的人口增长依然高于非大城市区域的人口增长,郊区化过程中人口主要流向大城市的近郊以及远郊区域,郊区与大城市中心城区共同构成了大都市区。

③逆城市化阶段

逆城市化现象出现在20世纪70年代早期至80年代早期,其主要特征是人口由向大城市区域迁移变为向非大城市区域迁移。

在这个阶段中,非大城市区域的人口增长率快于全国以及大城市区域,而在大城市区域内部也存在城市规模越大,人口增长速度越慢的现象。但是与郊区化过程不同的是,逆城市化并不是指人口从城市中心区域向周围的郊区和农村地区的迁移,而是指人口从大城市区域向较小的城市和城镇移动的过程。此外,逆城市化也不等同于城市文明和生活方式的农村化,而是人口由集中于大城市的集中型城市化转变为人口向大都市区内的郊区以及中小城市迁移的分散型城市化。

④再城市化阶段

再城市化阶段主要出现在20世纪80年代到90年代。20世纪80年代在许多率先进入逆城市化阶段的国家中,逆城市化过程趋于平缓甚至终止,或是出现了迁移人口重新返回到较大城市的现象。

再城市化现象主要表现为非大城市区域的人口增长速度再一次低于大城市区域,城市规模和迁移增长之间呈正相关关系,城市分散的速度放慢,人口重新向大城市集中。

4.3.1.2 大城市发展过程与交通运输的相关关系分析

大城市在发展过程中,伴随着不同时期城市结构的变化,会对城市交通运输产生一定的影响，主要体现在交通需求、网络结构和运输模式三个方面。

(1)交通需求

发达国家主要都市区如伦敦、巴黎、东京等，大多呈单中心圈层结构布局，传统上划分为都市内圈层、都市中圈层和都市外圈层。都市核心区指中心城市内圈层；中圈层是环状联系日益增强的紧密围绕核心区的圈层范围，和核心区一起组成了都市的中心区；外圈层指与中心区存在较强通勤交通联系的都市外围地区。

交通需求的变化与人口增长重心有极大的关联性，具有明显的圈层分布特征。核心区由于居住人口外移，人口密度已经呈现一定程度的下降趋势，而外围地区人口则形成新的增长极，交通出行总量也随之显著增加。就伦敦而言，从 1989 年开始，每天进入中央伦敦的交通量开始呈持续下降趋势；至 1999 年，日出行量为 156 万辆，年均下降 1 万辆；进出内伦敦的交通量基本稳定在 217 万辆，而进出外伦敦呈持续增长态势，年增长率为 0.6%。20 世纪 70 年代至 90 年代期间，伦敦各圈层出行总量如图 4-2 所示。

发达国家主要都市区郊区化进程已经基本完成。由于人口的外迁，郊区开发了大量居住用地，但工作岗位仍集中于中心区，居住的空间分离产生的高度集聚的通勤交通需求主要呈向心、放射状分布。

总之，发达国家都市区的交通需求特征主要表现为两点：

①交通需求具有明显的圈层分布特征，且交通出行总量还在不断增长，但核心区交通需求呈缓慢增长甚至降低趋势，外圈层成为交通增长的重心。

②通勤交通具有明显的向心性和“潮汐”特征，形成高强度放射状需求走廊。

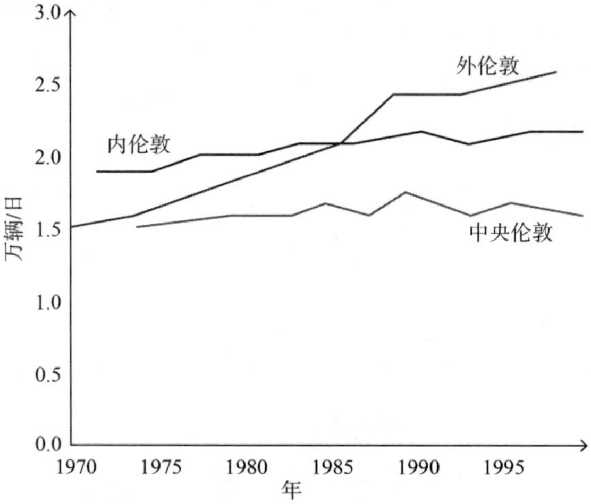

图 4-2　伦敦各圈层交通需求变化

(2)网络结构

都市内圈层交通网络布局上多呈现中心放射状,通常以轨道交通为主。内圈层网络密集分布,由于区域空间的不断拓展,交通网络密度也依据圈层由内向外递减。

大运量轨道交通和快速道路基本锚固了都市区交通网络布局结构,内圈层与外圈层多以“环状+放射状”结构为主。

放射状通道拓展了城市的发展空间,增加了城市外围地区至中心区的可达性,促使城郊发展一体化。如巴黎中心城和东京都市区通过加强“环状+放射状”状的交通建设,加快了周边地区城市化进程,也促进了外围组团等新的次级中心的产生。

人口郊区化导致大量通勤交通的出现,主要都市区高强度的通勤出行需求已经难以利用道路交通疏解,轨道交通成为主导方式,支撑通勤客运走廊。以东京都市区为例,潮汐通勤交通出行主要依靠放射状轨道交通线承担。

总之,发达国家都市区交通网络的结构呈现以下特征:

①交通网络布局结构具有明显的圈层分布,内圈层以放射状轨道交通网络以及密集的道路网络为主,中圈层和外圈层的网络呈“环形+放射”状结构,网络密度由内向外逐步降低。

②高强度通勤交通主要由复合型交通网络支撑,通常以放射状大运量公共交通特别是轨道交通网络为主,以放射状快速路网络为辅。

(3)运输模式

发达国家都市区核心区大多土地资源紧缺,用地密度高。大运量公共交通以其占地面积小、容量大的特点保证了出行的可达性和便捷性,成为核心区交通出行的主要方式。在外围区或郊区,强调组团与中心区以及组团之间的快速联系,发达的高速公路和较高的机动车拥有率为小汽车快速通行创造了条件。随着城市面积的扩大,跨圈层出行量日趋增长,单一的交通方式并不能完全适应不同交通区域的特点。因此与交通网络圈层分布相似,不同圈层的主导交通模式也存在较大差别。机动化出行中,通常都市核心区公共交通出行比例达60%左右,中圈层公共交通和小汽车交通所占比例相差不大,外圈层小汽车出行比例明显高于公共交通。

高强度的通勤需求走廊,主要依靠城市轨道交通或郊区铁路来满足,传统地面公交和小汽车交通处于辅助地位。

总之,发达国家都市区的交通运行模式特征主要如下:

①不同圈层交通出行模式具有显著的差异性。内圈层交通强调交通资源利用的集约性和高效性,大运量公共交通处于绝对主导地位;中圈层轨道交通和汽车交通一般处于并重地位,外圈层交通以高可达性的汽车出行模式为主。

②通勤交通出行模式以公共交通为主,以汽车交通为辅。

4.3.1.3　国外交通运输在大城市发展中的经验做法

随着城市的不断发展,城市人口的增加、城市范围的扩大以及城市结构的不断变化,都会给城市交通增加许多新的内容与问题。一方面人们对公共交通的需求日益增长,而另一方面是道路和交通运输工具能力的严重不足,发展与建设速度难以跟上越来越高速的城市化进程。面对越来越严峻的交通形势,国外一些大城市相继出现了符合自身城市发展状况的新政策和新做法,在缓解交通问题上取得了明显的效果。

(1)国外大城市交通政策

①国外交通政策基本分类

大城市的交通问题已经成为现代城市所面临的主要问题之一,不仅影响到整个城市运行的效率,也会降低市民生活的便利程度。面对越来越拥挤的城市出行环境,国外各个大城市相继出台交通政策来缓解交通问题给大城市带来的负面影响。

总结国外大城市的交通政策发现,解决城市交通问题主要有以下三类基本政策。

●交通供给增长与完善政策

交通问题的产生通常是交通需求与交通供给不匹配所造成的,因此解决交通问题,可以从增加并完善交通供给方面进行研究。具体措施包括增加城市道路密度,完善城市道路网系统和交通设施,加强道路交通管理以提高城市道路利用率等。

●交通需求引导和控制政策

随着大城市人口的增加以及经济总量的不断扩大,大城市中不断增加的交通需求给城市交通系统增加了沉重的负担。因此需要对交通需求进行引导和控制,实现更高效率地利用交通供给设施。

●交通需求与交通供给的空间位移政策

对于规模较大的大城市,通过交通供给政策与交通需求政策可能效果不明显或遇到较大阻力时,通过城市土地的利用空间结构优化可以从根源上解决大城市交通问题。通过对城市空间结构进行合理规划,进而引导交通需求与供给进行区位变动,从而对城市交通流量进行更加合理的分配。国外大城市多通过建设新城来疏解中心城的人口和交通,从而达到缓解交通压力的目的。

②国外大城市交通政策经验与做法

伦敦、巴黎、东京等大城市在解决交通问题的政策上有丰富的经验积累,因此参考国外大城市的交通政策,总结出如下经验。

经验一:综合运用交通供给调控政策、交通需求调控政策以及交通需求与供给的空间位移政策是大城市解决交通问题的共同选择。

根据表 4-3 所示,伦敦等大城市为了缓解城市交通压力,综合运用了三种政策手段。从最终的实践结果来看,三种政策都为缓解大城市的交通拥堵起到了积极的作用。伦敦、巴黎等大城市综合采用三种政策手段解决交通问题,是因为它们之间并不是独立的,而是具有相互影响的。例如公共交通优先有赖于道路供给的增长以及路网系统的不断完善;保证公共交通优先需要对个体交通进行必要的引导与限制;而城市轨道交通系统的延伸和城市道路系统的不断完善则强有力地支持了以卫星城和新城建设为主要手段的空间政策的实施,新城策略反过来也为轨道交通建设提供了更加广阔的空间。因此,综合运用交通供给调控政策、交通需求调控政策以及交通需求与供给的空间位移政策是世界大城市解决交通问题的共同选择。

世界大城市交通政策要点 表 4-3

城市名称	交通供给调控政策	交通需求调控政策		交通空间位移政策
		公共交通优先	调控个体交通	
伦敦	1. 大规模道路建设 2. 现代化交通信号控制系统	1. 公交专用道以及公交信号优先 2. 快捷、完善的地铁系统	交通拥挤收费	建设卫星城以及新城
巴黎	建设环城以及放射状高速路网	1. 建设地铁以及区域快速铁路 2. 公共交通一票制	—	建设卫星城以及新城
纽约	智能交通信号系统	1. 修建地铁和通勤铁路 2. 设置公交专用道 3. 设置 HOV(多人车辆)专用车道	高昂的中心区停车费	在郊区建立新的城市中心
东京	1. 完善道路建设 2. 智能化交通管理	1. 便捷的轨道交通网络 2. 便捷的公共交通枢纽换乘系统	1. 提高燃油税以及停车费 2. 征收道路拥堵费	建设卫星城以及新城
新加坡	1. 完善道路网络建设 2. 交通智能控制信号系统	1. 建设轨道交通网络 2. 优化公共汽车线路 3. 建立公共汽车港湾式停车站	1. 新车注册附加费 2. 地区通行许可制度与电子道路收费系统	建设新城镇

经验二:大城市交通发展过程中,增加和完善道路系统的交通供给政策始终存在,但道路供给的增长始终无法赶上交通需求的增长。

在大城市的发展过程中,一直伴随着交通供给与交通需求的矛盾,特别是小汽车刚刚推广使用的20世纪30年代,为了适应不断增长的小汽车数量,许多外国大城市的道路建设逐渐进入了高峰期。20世纪60年代到70年代,大城市道路逐渐饱和,道路交通建设主要以向郊区延伸为主,在中心城区主要以完善现有道路系统和提高交通系统的利用效率为主要手段。

以巴黎市为例。从20世纪30年代开始,为满足汽车的推广与使用,巴黎不断扩充道路建设,公路网的骨架在1960年至1970年间形成,道路供给基本饱和,但依然存在的交通问题使巴黎市政府开始意识到仅依靠道路的增长不能解决交通问题,于是将公共交通优先和建设新城作为交通工作的重点,此后道路系统的供给增长主要集中在现有道路系统的优化和完善上。

经验三:遵循公交优先的理念,同时结合相应的小汽车需求管理措施。

在增加交通供给不能满足日益增长的城市交通需求的情况下,国外大城市将目光转向了交通需求管理政策,而具有较强操作性和引导性的公交优先理念成为大城市共同的选择。除此之外,为了应对小汽车数量大量增长带来的巨大交通需求,大多数城市还实施了小汽车"交通拥堵收费"政策。

这方面最具有代表性的城市主要有新加坡。新加坡由于城市空间的限制,不可能通过增加道路供给解决不断增长的交通需求,因此从拥有和使用两方面控制小汽车总量的发展。新加坡的小汽车控制措施主要是通过财税配套政策间接调节。在新加坡拥有一辆小汽车需要持有“拥车证”,但由于“拥车证”价格较高且有效期为10年,并且购买小汽车还需要缴纳一笔不菲的关税以及附加注册费,因此在新加坡拥有私家车的成本比较高昂。除此之外,新加坡在1975年和1998年先后引进了人工道路收费系统以及电子道路收费系统,通过征收“拥堵费用”来控制进入中心区的交通流量。

经验四:通过建设新城市中心或新城转移中心城区功能、疏解中心城区人口,从而改善交通出行环境。

新城市中心或新城大多建设在大城市的周围,以缓解大城市的人口、交通、就业等压力,转移中心城区的部分功能,解决中心城区发展规模过大、居住困难等问题,同时改善中心城区交通出行环境。

建设新城的理论来源于1898年霍华德在《明天——一条通往真正改革的和平道路》中提出的“田园城市”理论,其主张城市发展不能随意蔓延,当达到一定的阶段和规模后,应该建设新城市来容纳人口和产业的增长。在此背景下,20世纪50年代末,在离伦敦市中心50千米半径内建设了8座卫星城;巴黎也建设了人口规模较大的卫星城。

目前发达国家新城与中心城之间的交通模式主要有三种,三种交通模式各有其特点与适用性。第一种模式是以美国大城市为代表的小汽车交通模式,人口松散地分布在大城市与周边城镇之间,政府通过建设大量的道路与停车设施满足交通的需要,这种交通模式对环境影响较大,且一旦形成就很难扭转。第二种模式是以日本大都市为代表的公共交通模式,以高速铁路和城市轨道交通为主的公共交通系统适用于人口密度较大的地区,这种交通模式运量大,对环境的影响较小,但是建设成本与运营成本较高。第三种模式是以新加坡为代表的复合交通模式,这种交通模式以高速公路和大容量的轨道交通组合而成,公共交通为主、小汽车为辅。

(2)国外大城市交通管理体制

①典型城市的交通管理体制

管理体制是指管理系统的结构和组成方式,即采用怎样的组织形式以及如何将这些组织形式结合成为一个有机系统。交通管理体制是影响交通运输生产效率、决定交通运输和社会经济是否发展协调的关键因素,科学先进的管理体制是提高交通运输管理水平和生产效率的有力保障。

以新加坡为例。新加坡实行一体化的交通管理体制,新加坡交通部主管全国的陆路交通、航空运输和海港运输,由陆路交通管理局、民航管理局、海事及港务管理局和公共交通理事会等4个下属机构组成。

陆路交通方面,新加坡经历了从分散到集中的发展历程。1995年前,新加坡陆路交通系统建设和管理分属地铁集团、公共工程局、车辆注册局和陆路交通署等多个部门。随着城市的快速发展,多头建设、多头管理、各部门目标不一、效率不高等问题对交通发展的制约日益显现。1995年,新加坡政府适应交通发展的需要,对职能进行大规模重组,合并上述机构成立新加坡陆路交通管理局,对陆路交通实施统一管理。

新加坡的交通管理体制按照交通发展的内在运行规律,通过对交通系统从政策、规划、设计、投资、建设、管理、服务等各个方面的职责进行一体化纵向整合,即纵向职能"一条线"运行模式,使交通体系的职能配置和系统运行相辅相成、有机统一、协调发展,保证交通行业纵向运行规律的专业性、完整性及交通决策、管理、运行的持续性、科学性。为确保各部门协调运作,新加坡建立了一套自下而上、动态全程、各定其位、边界清晰、对接顺畅、系统集成的沟通协调机制,确保决策的高效化、专业化、科学化。

②国外大城市交通管理体制经验与做法

由于国外的大城市交通建设起步较早,交通管理体制较为健全,管理效率较高,管理成本较低,对我国的大城市交通管理体制改革有较为重要的参考价值。

经验一:由分散管理向一体化集中管理转变是交通运输管理体制发展的必然趋势。

从国际发展状态看,除了铁路、公路、水运、民航和管道等 5 种现代交通方式的主管部门整合为一,还把城市交通纳入综合交通管理体制范围。在此基础上,将与交通运输联系紧密的业务统一纳入交通主管部门管理。

目前,大多数经济发达国家的交通运输管理机构设置都采用集中管理模式,即中央(联邦)政府设置交通部或运输部,主管全国水、陆、空各种运输方式的运输事务。例如,日本和美国分别于 1945 年和 1967 年成立了运输省和运输部,使交通运输的管理集中化,以保证政府统一协调和发展各种方式的运输;英国政府对交通运输的管理采用"大交通"管理体制,全国综合交通运输网统一由交通部负责管理,交通部设有交通大臣正副 4 人,均为国会议员,其中 3 位副职分别管理铁路与公路、民航和水运、伦敦地区的运输与道路安全,道路运输管理体制是大交通管理体制的一部分,交通大臣负责干线公路网总体政策的制定、公路的发展战略框架及主要资金使用计划。

经验二:健全的法律法规体系是交通运输管理体制发展的可靠

保障。

完善健全的交通运输法律法规体系,不仅可以提高社会法制化程度,而且还可降低政府的管理成本,加强对市场的监管力度。欧美等发达国家在交通运输发展过程中,都极为重视交通运输法制建设。无论是国家的运输政策和规划,还是管理机构的设置和变更,权利与义务的划分以及资金来源与分配,都以立法形式予以规定,以保证国家对交通运输的有效管理。

多年来,日本、欧美等发达国家在交通运输的发展过程中,根据不同时期的交通运输特点和问题,制定了一系列的运输法规,逐步建立和完善各自的交通运输法规体系,把交通运输管理纳入法制的轨道,从而保证了交通运输的健康发展。例如,美国与道路交通相关的法律法规就多达十余部,包括道路交通法、交通法庭组织法、交通警察服务守则、交通事故调查与报告规定、交通事故地点的鉴别与监护、饮酒与交通安全关系法、汽车废气与废渣的控制与清除规定等。

经验三:政府手段与市场手段的有机结合是交通运输管理体制发展的有效手段。

交通运输业是每个国家的重要产业,为促进这一行业的健康发展,目前大多数国家主要采取以市场手段为主,兼以政策引导的方式。欧盟各成员国都实行市场经济体制,但它们对运输结构的调整并不完全采取经济或市场的手段,如在技术标准、运输安全措施、环境影响标准等方面,采取了一定的政府调控手段,这表明运输问题不可能完全依靠市场力量来解决。

(3)国外大城市交通结构

以纽约市为例。20 世纪 50 年代至 80 年代,纽约市居民出行的交通方式的变化趋势为小汽车吸引越来越多的使用者，公共交通的优势地位受到严重的威胁。纽约居民拥有的私家车数量在1950年至1990年的40年间增长了44%。小汽车的使用频率一直升高，小汽车出行的增长率也居高不下。1963年至1997年，小汽车出行从占机动车出行的33%增长到50%，而公共交通工具的出行比例从61%下降到42%。20世纪80年代到21世纪初，纽约市总体出行总数保持增长，但私人小汽车出行分担率和公共交通出行分担率发生了逆转，如表4-4所示。由表中可看出，由于纽约市实行增加公交系统竞争力的交通政策，使得公共交通的出行分担率出现增长，而居民小汽车出行分担率有了一定程度的下降。

1980至2000年各交通方式分担率对比表(%) 表4-4

出行方式	1980年	1990年	2000年	1980~1990年分担率变化	1990~2000年分担率变化
小汽车	41	48	44	7	-4
地铁	32	29	31	-3	2
公共汽车	20	15	16	-5	1
出租车	6	7	8	1	1
其他非步行出行	1	1	1	0	0

以首尔市为例。首尔市近年来的交通需求因人口的持续增长、社会和经济活动等因素而持续增加。2006年首尔每天交通出行总量为2953万人次，这一数据包括首尔市内部以及首尔都市圈的出行总量，各种交通方式分担率如表4-5所示。由表可以看出，圈内出行中公共交通的比例达到了58.9%，而圈间出行的最主要方式是轨道交通，超

过了60%。首尔的城市公交主要由地铁交通、公共汽车交通和出租车交通三部分组成。

2006年首尔各交通方式分担率(%) 表4-5

项目	小轿车	公交	地铁	出租车	其他	合计
圈内出行	26.2	38.9	20.0	9.2	5.7	100
圈间出行	16.8	16.7	60.1	3.7	2.7	100
首尔-京畿出行	34.0	21.9	35.4	3.4	5.3	100

4.3.1.4 国外交通运输在促进大城市发展中的作用对中国的启示

(1)建立以公共交通为导向的TOD模式

在城市问题不断扩大和土地资源紧缺的双重压力下,我国城市迫切需要寻找一条适合我国城市发展并且能够长期有效的发展道路。“公共交通优先”战略已经得到了我国城市的认可,并正在进一步的发展中。借助公共交通发展的契机,利用公共交通来引导的城市发展模式(Transit-Oriented Development,TOD)不失为一种比较好的发展战略。

TOD模式主要解决的城市问题与矛盾有以下几点:①通过良好的公共交通减少小汽车的出行,缓解城市交通的压力;②小汽车出行率的降低能够有效减少能源的消耗和环境的污染,提高居民生活满意度;③均衡地分布城市空间及城市人口,通过高密度的建筑提高城市土地的使用效率,控制城市的无序蔓延;④有效分担城市功能,缓解城市公共基础设施建设不对等的问题,均衡地分配公共产品;⑤通过公共交通引导城市的发展,转变需求型的规划方式为引导型的规划方式,合理地通过规划的方式实现城市健康发展的道路。

(2)持续推进可持续发展的交通政策

城市交通可持续发展的内涵是交通效率、资源环境和价值观念三者的统一。其中,转变传统交通观念是前提,提高交通系统效率是核心,资源合理利用与环境保护是基础。

城市交通的可持续发展首先要求改变交通发展观念,由交通建设追求数量的扩张向注重综合效益转变,由满足个体交通需求向兼顾公众利益转变,城市交通可持续发展的核心在于实现由规模扩大为主的粗放型交通系统能力增长向提高效率为主的集约型交通系统能力增长转变,提高已有交通基础设施的效率减少无效交通,实现城市交通可持续发展的标志主要体现在城市交通需求得到满足、交通环境的不断改善和城市交通资源的合理利用。

可持续发展的交通政策的内涵比较广泛,包括建立跨区域的交通规划协调组织、建立公共交通发展基金、加强城乡规划综合调控作用。

(3)适当采取交通需求管理措施

交通需求管理就是根据交通出行产生的内在动力,出行过程中所表现出来的时空消耗特性,通过各种政策、法令、现代化信息设备、合理开发土地使用等对交通需求进行管理、控制、限制或诱导,减少出行的发生,降低出行过程中时空消耗,建立平衡可达的交通系统。

交通需求管理研究的目的,并不是限制人们出行,而是在有限的交通路网上让人们迅速、安全地到达目的地,以及在出行过程中以尽可能少的时空消耗完成出行目的,从而缓解交通拥挤,改善环境质量,减小交通建设规模,节约能源、土地、资金,解决供需矛盾。交通需求管理研究也为规划建设、管理一体化研究、建立交通规划新理论体系打下了基础。对我国城市而言,由于城市人口密集、用地紧张、资金短缺、交通拥挤混乱等原因,迅速开展交通需求管理技术研究并将其及时推广应用有着深远的理论意义和现实意义。

4.3.2 国外交通运输在引导中小城市发展中的经验做法

随着中小城市城市化进程的加快,机动车拥有量快速增长,交通系统资源消耗的比重逐年增加,资源供需的矛盾必将日益突出。交通系统对土地、燃油等不可再生资源的过度依赖,会严重影响城市经济的持续发展。中小城市作为大城市和广大乡镇及农村的纽带,其规模和经济实力迅猛增长。中小城市以其自身的规模、性质、功能及所处的特殊地位,面临的交通问题与大城市交通问题有相同之处,更有特殊之处。

4.3.2.1 国外中小城市发展过程

①埃及

埃及通过加快小城镇建设,吸引了不少阿拉伯国家和其他国家对埃及的投资,创造了大量的工作机会,使过于集中聚居在尼罗河三角洲的人口开始得到分流。小城镇在埃及带动了大经济。

自20世纪70年代以来,埃及政府十分重视小城镇的建设,并把小城镇的建设看作实现埃及现代化和推行私有化政策的关键一环。小城镇的建设在埃及实现总体经济和社会发展目标方面的作用日益扩大。通过建设经济型的小城镇,扩大了埃及土地可居住部分的面积,使一些边境地区得到开发,并使之与内地人口稠密的城区相连接;保护了农业耕作土地,防止非法建设;减轻城市交通难题,缓解人口稠密状况;有助于工业和旅游业的开发,有效地利用埃及的沙漠和沿海地区的资源;通过重点开发西奈和西南埃及,向开发商提供土地及服务,在新城镇地区创造良好的投资环境。

埃及的小城镇建设是有计划、有目的地进行的。在建设小城镇的过程中,埃及政府制定长远计划。首先进行可行性研究,对有可能吸引人口迁居的、自然条件较优越的地区规划进行小城镇建设。埃及政府还为这些小城镇制定具体的生产投资计划,国家承担对这些小城镇的基础设施的投资,如饮用水、卫生、电力、运输和通信系统等,而对具体生产项目则鼓励私营部门进行投资。

小城镇的建设为埃及的发展提供了新的推动力。迄今为止,在全埃及新兴建的19个小城镇里约有10万多家工厂开工,这些工厂由私人部门投资125亿埃镑,创造了20多万个就业机会。

②英国

英国历届政府都十分注重小城镇建设的合理布局,并努力创造条件发挥每个小城镇在经济建设中的积极作用。为确保小城镇居民生活方便、舒适,政府特别注重环境的整体规划和生活设施的配套。根据城镇的功能和规模,交通、通信设施、医院、学校、商业网点、文化娱乐场所等点面布局问题都经过严格的科学论证。大多数小城镇先由政府出资盖一批厂房、商店、学校、医院、住宅、公园,吸引城市企业和居民自愿迁入。政府还相应采取了一些优惠政策,比如新区企业税收比较低。几十年来,这些小城镇在扩大就业、疏散中心城市人口、减轻都市压力、资源合理配置、平衡区域经济发展、缩小城乡差别、保护环境等方面都发挥了积极作用。

在大都市周围建设卫星城市,积极分散人口,克服大都市的各种弊病。在英国,几乎每个中心城市附近都有几个甚至十几个大小不等的小城镇,尤其是伦敦,周边星罗棋布的小城镇和伦敦市区交相辉映,组成了大伦敦。

③法国

巴黎大区包括巴黎市及周边的7个省，总共1300个市镇，人口达1100多万，占全国人口的近1/5。"巴黎不是一天建成的"，这是法国人经常挂在嘴边的一句口头禅，它亦可以套用在巴黎大区5座新城的建设上。从20世纪60年代末开始，5座新城拔地而起，它们分别占地300~1500平方千米，每座拥有居民10万~20万，总数达75万人。新城50%以上的就业年龄段人口在本城就业，缓解了巴黎的人口和就业压力。

由巴黎向四周辐射的高速公路、大区快线地铁、郊区铁路和国家公路大多通过这些新城，形成了公共交通网络，解决了它们与巴黎和其他地区的交通问题。新城的全新基础设施、政府的优惠税收政策和潜在的开发远景，对高科技产业、大型制造业以及第三产业都产生了极大的吸引力。如今，已有众多的企业在新城落户，而服务业、商业更是热衷于在法国中小城市设点。

4.3.2.2 国外中小城市发展中的经验做法

(1)短时间不考虑在中小城市修建大容量轨道交通

中小城市较特大城市客运量小，经济实力也较特大城市差。对于中小城市，轨道交通造价过高，而且建设周期漫长，特别是中小城市的客运量不足以满足轨道交通的要求，所以在中小城市一般不考虑在短时期内修建轨道交通。

(2)积极发展公共交通，促进中小城市实现绿色出行

随着城市化进程的加快，机动车拥有量会快速增长，交通系统资源消耗的比重还会逐年增加，资源供需的矛盾必将日益突出。交通系统对土地、燃油等不可再生资源的过度依赖，会严重影响城市经济的持续发

展。因此,能优化利用不可再生资源的城市交通系统的建立,是实施城市交通可持续发展战略的必要条件。

据推算,在高峰小时中各种交通方式每人每千米消耗能源:公共汽车为小汽车的8.4%,无轨电车为小汽车的4%,有轨电车为小汽车的3.4%,地铁为小汽车的5%。同时,公共汽车对环境的污染相对于小汽车也较小,因此公共交通比小汽车交通对城市的发展更有利。

(3)积极发展自行车交通,鼓励环保、绿色的交通方式

自行车交通是中小城市交通系统不可分割的重要组成部分,当前自行车交通仍然是各城市居民出行的主导方式之一。自行车被公认为是一种环保、绿色的交通方式。自行车作为短距离出行和公共交通的接驳出行的交通工具,应当鼓励和倡导。

随着收入水平迅速提高,居民对出行服务质量的要求也在逐步提高,自行车交通逐步向机动交通方式转化。在这个转化过程中,应当因势利导,既要优先发展公交,争取自行车交通向公共交通转化,又要以实现机非分流、改善交通秩序、发挥自行车合理的作用、方便市民出行为目的,通过加密支路网、调整干道横断面、建设自行车停车设施等多种措施,着力解决自行车交通通畅、安全和停放等问题。

(4)为步行出行创造良好环境

城市道路的步行空间以一种最基本的交通方式为人们提供了户外活动的场所。人行道、社区道路、步行街、广场等步行空间,是人们日常通行、交流、休闲、健身的重要场所。它们的尺度与布局不仅能为行人提供遮阴、调光的通行空间,还能创造一个有吸引力的公共空间甚至一座有魅力的城市。

4.4 国外交通运输在引导小城镇发展中的经验做法

虽然世界绝大多数国家都有镇的建制,但“镇”的含义却不尽相同,因国而异,而且有些国家“镇”的概念比较模糊。例如,瑞士把人口5000人左右的地区视为小城镇;日本将2万~15万人口左右的地区视为小城镇;加拿大把300~10000人口的地区视为小城镇;澳大利亚的小城镇则多指农村社区。在绝大多数联邦制的国家,“镇”不是联邦政府设立的一级行政区,而由规模上达到一定标准的居民社区自愿申请设立,如在美国,200人的社区就可申请设镇。镇是一级独立的、法定的、有一定行政辖区边界的行政区划单位,与所在的郡(县)、市没有行政级别高低之分,没有行政领导与被领导的关系,而是有着高度自治权利的地方政府。

4.4.1 交通对小城镇发展的影响趋势分析

小城镇作为一种聚落形式或者空间单元,其内部的社会、经济、空间和交通处于一个复杂的网络系统中。纵观城镇的形成和发展史,交通系统对城镇的发展尤其具有重大的意义。交通条件的改善促进了城镇的发育,引导了城镇空间的合理布局,强化了城镇内部及城镇间的分工与协作关系。大量实例证明,交通网络设施的改善通常是城镇发展的触媒。例如,法国里尔原先只是法国北部的一个工业城镇,得益于欧洲之星高速铁路从里尔经过并设有车站,政府前瞻性地推动“欧洲里尔”计划,推动里尔由传统工业型城镇向现代化转变,目标是将里尔建成为欧洲中心城市之一。

从交通网络的构成属性来看,其构成的基本单元分为点状与线状。点状包括铁路站点、港口、车站等,线状包括铁路、公路、水运、航空等。对一小城镇而言,由相关的交通站点和相关的交通线相互连接所形成的即是一地的交通网络。因而,研究交通对小城镇的发展影响,可从交通站点与交通线两方面对城镇产业与空间布局的影响进行考虑。

4.4.1.1 交通枢纽服务水平影响了小城镇产业发展的深度

(1)影响机理解析

全球化与区域经济一体化使得企业可以在世界任何范围内安排采购、生产、销售等活动,这种趋势将不断深入,处于交通网络优越位置的小城镇将成为企业选址考虑的重要因素。但处于交通主干道之上仅是前提条件,能否提供优质服务水平才是城镇发挥其交通区位优势的关键。交通枢纽服务水平对城镇产业发展将至少产生以下两个方面的影响:

①不同的交通站点会聚集不同的产业门类。如前所述,港口、铁路货站等地区适宜发展资源密集型产业。因此,应结合站点类型,选择相适宜的产业门类,因地制宜。

②高效的枢纽节点能更好地汇聚人才、信息等生产要素,促进城镇先进生产服务业的发展,带动城镇经济结构的优化转型,摆脱由农业发展带动轻工业发展进而带动城镇发展的传统模式。

(2)枢纽服务水平的战略意义

进入知识经济时期,围绕高速交通枢纽点开始聚集大量商务活动及对时间敏感的产业,促进人流、物流、资金流、信息高效交换,成为带动城镇发展的关键性节点,并逐渐具有发展成为城市综合性门户的趋势。在这一大的浪潮中,对城镇发展战略的认识必须提升到枢纽服务能力的层面,枢纽节点的服务能力决定了城镇产业发展的水平及深度。

(3)与城镇交通网络节点相呼应是提升城镇产业发展的有效措施

城镇交通网络节点往往是各种社会经济活动的生长点和承接点,大量的人流、物流、资金流等生产要素在这里集聚、分散。因此,它承载着城镇内部与城镇之间的双重职能,拥有更为丰富的内涵和外延。对于一个发展中的小城镇来说,城镇交通网络节点是产业集聚发展的首选;一方面,交通枢纽服务水平的提高能够带动城镇相关公共服务设施与基础设施的配套与完善,为产业发展提供支撑;另一方面,枢纽周边接入的道路具有系统性好、密度高的特点,是实现"流动"的载体,能够为产业发展提供良好的区域条件。

专栏:经典案例

诺伍德位于美国东北部马萨诸塞州诺弗克县,波士顿西南 14 英里,距离纽约市 205 英里。诺伍德在历史上长期作为印第安人的狩猎场所,直到 1678 年建立了一个锯木厂,才有了人口的聚集。18 世纪后期到 19 世纪上半叶,诺伍德周边的环境尤其是交通条件的改善,是小镇兴起的重要外部因素。在波士顿和普罗维登斯之间建立的公路穿过南戴得镇和诺伍德,刺激了整个地区的商业活动。1806 年,诺福克与布里斯托尔之间的收费公路开通,将此时美国正进行得如火如荼的工业革命传播至诺伍德地区,为小镇的形成提供了更大的推动力。1849 年,第一条经过诺伍德的铁路建成通车,在随后的 15 年里,包括诺伍德在内的整个南戴得镇地区迅速发展,人口增加数超过了从 1678 年至 1849 年铁路建成时间内人口增加的总和。便利的交通,为经济的快速扩张提供了条件,促使诺伍德地区开始由完全的农业经济向农业、工业混合型经济的转变。之后,随着机场、美国 1 号公路的延长工程等的建设,诺伍德已经发展成为拥有 28467 人口,占地 10.55 平方英里,集众多功能于一体的综合性小镇。

4.4.1.2 交通网络结构的优化决定了城镇空间布局的合理性

(1)影响机理解析

从城镇发展历程来看,交通网络结构和建设水平决定了城镇空间的格局,道路的未来建设方向和重点则决定了城镇竞争与发展的潜在优势。在经济飞速发展的当下,道路交通设施对城镇空间格局影响的速度和深度都将超过以往任何一个时代。这种变化在道路交通网络与城镇发展较为成熟的地区已经有所体现。具体来说,交通网络结构对城镇空间布局将至少产生以下两个方面的影响:

①小城镇的发展不是孤立自主的,而是日益融入区域整体"网络+等级"的空间结构中,完善的对外衔接交通网络将集聚更好的生产要素,在区域中占据重要一级。

②城镇内部空间结构的演化是随着不同的交通条件等因素而演化的,总体来说可概括为从"核心—边缘"的封闭模式逐渐向"多核—扁平"的均衡模式转变。

(2)交通网络结构优化的战略意义

综合交通网络是指城镇公路、铁路、水运、航空等各种交通网络的合理布局,合理的交通网络对内可以缩短城镇的时空距离,构建城镇骨架,促进城镇空间的纵向发展;对外可以融入区域,拓展城镇发展的外延。

(3)与城镇交通网络结构相呼应是提升城镇空间的有效措施

随着经济全球化与区域一体化的发展,任何小城镇的发展都不是孤立的,而是处于一定的区域网络结构体系中。作为对外联系的"先驱者"——城镇交通,必须综合分析与周边城镇的联系,确定城镇空间发展方向,打造城镇发展的新脉络。

对于城镇内部而言,合理的交通网络避免了城镇空间"核心—边缘"的传统空间封闭发展模式,使各种城镇空间区域综合协调发展,有利于打造"多核—扁平"的均衡空间发展模式。

4.4.2 规划方面的经验做法

4.4.2.1 各国规划概况

(1)美国小城镇规划

美国的小城镇交通重视规划的权威性。规划一经批准,就必须按其执行,不得随意更改。小城镇交通基础设施的建设资金由联邦政府、地方政府和开发商共同承担。在交通基础设施建设的同时,十分注重环境保护,不仅注重环境的绿化,而且非常注重道路的景观设计。重视当地民众和居民的意见,公众参与贯穿整个建设项目的全过程,在各阶段尽可能听取公众的意见。

(2)英国小城镇规划

英国为促进人口的分散和住宅的建设,在伦敦周围建设卫星城。新城的建设对控制大城市规模、防止大城市无限蔓延、减轻大城市交通压力起到了巨大作用。为了促进新城的发展,保障新城居民的出行便捷,英国政府于20世纪50年代实施小城镇发展规划,主要针对中心村的建设,包括交通基础设施的建设,到70年代由"发展规划"转向"结构规划",此后小城镇建设开始呈现多元化局面。

(3)德国小城镇规划

德国政府提出了改造和建设好小城镇,为农民创造良好的生产和生活条件,把农民稳定在小城镇,安心发展农业的战略,并制定了相关措施。对于交通基础设施等建设项目,国家和地方政府分别补贴其总投资的35%,剩余的30%由农民个人负担。充裕的财政支持、雄厚的工业基础以及世界领先的高新技术为德国的小城镇交通建设提供了良好的基础条件。在建设过程中,环境和自然生态的保护是必须优先考虑的重点,绝不为开发建设某个项目而破坏环境。凡是小城镇改建的规划和建设项目,必须经过公众民主讨论后,才能向政府主管部门申报立项。

(4)日本小城镇规划

日本小城镇的发展是通过总体规划来实现的。总体规划是小城镇综合建设规划,小城镇示范工程必须以小城镇综合建设规划为基础进行立项,示范工程的实施主体通常由具体实施的政府担任,也可由省级政府、农协等农业团体担任。

(5)国外小城镇规划特点

①重视规划的权威性

规划不但重视其综合性、超前性、科学性和务实性,而且要重视规划的权威性,规划一旦得到批准,就必须按规划实施,不能随意更改。

②环境保护是规划的核心内容

由于小城镇空间相对于城市空间最大的不同点在于非农业使用的土地生长在广大的自然开放空间上,人的尺度和自然空间的尺度反差巨大,在规划中对于开放空间的营造尤为重要。规划过程中要注重农用地资源和环境的保护,把开放空间的营造和道路的合理规划作为小城镇交通规划的核心内容。

③注重可持续发展的价值取向

在发达国家的小城镇规划建设中,注重小城镇的可持续发展,而判断可持续发展有两个不同的角度:一是以生态为中心,另一个以人为中心。“生态中心论”以环境可承受和环境的可持续改善作为前提;“以人为本”的观点以满足当前人的需要但不损害后人和他人的利益为前提。

④强调公众参与

小城镇的规划和设计已经成为发达国家小城镇规划的基本模式。公众参与具有法律保障,没有经过公众讨论的规划是不能得到上级主管部门审批的,规划如果被公众反对就必须修改。公众参与不仅体现在规划编制的各个阶段,还表现在规划的审批和执行阶段。尤其在规划执行阶段,公众可以对不合乎规划要求的行为向法院或仲裁监督机构进行申诉。在整个规划过程中都充分反映了民意,同时加深了公众对小城镇建设的理解,保护了地方的生态环境和人文环境。

4.4.2.2 国外小城镇交通系统规划的基本要求

(1)满足交通运输的要求

规划时,应使所有道路主次分明、分工明确,并有一定的机动性,以组成一个高效、合理的交通系统,从而使小城镇各功能区之间有安全、方便、快速、经济的交通联系。

①短捷的交通路线

小城镇各主要用地和功能区之间应有短捷的交通路线,使全年最大的平均人流、货流能沿最短的路线通行,以使运输工作量最小,交通运输费用最省。

②分片用地间联系道路应有恰当高度

小城镇各分片用地之间的联系道路应有足够而恰当的数量,同时要求道路系统尽可能简单、整齐、醒目,以便行人和行车辨别方向和组织交叉口的交通。

通常以道路网密度作为衡量道路系统的技术经济指标。所谓道路网密度是指道路总长(不含居住小区、街坊内通向建筑物组群用地内的通道)与小城镇用地面积的比值。

道路网密度越大,交通联系也越方便;但密度过大,势必交叉口增多,影响行车速度和通行能力,同时也会造成小城镇用地不经济,增加道路建设投资和旧村(镇)改造拆迁工作量。特别是干道的间距过小,会给街坊、居住小区临街住宅带来噪声干扰和废气污染。

③为交通组织管理创造良好条件

交通组织应尽可能简单、整齐、醒目,以便行人和行驶的车辆辨别方向,易于组织和管理道路交叉口的交通。一般情况下,不要规划星形交叉口,不可避免时,宜分解成几个简单的十字形交叉。同时,应避免将吸引大量人流的公共建筑布置在路口,增加不必要的交通负担。

(2)结合地形、地质和水文条件,规划道路网走向

小城镇道路网规划的选线布置,既要满足道路行车技术的要求,又必须要结合地形、地质水文条件,并考虑与临街建筑、街坊、已有大型公共建筑的出入联系要求。道路网尽可能平而直,尽可能减少土石方工程,并为行车、建筑群布置、排水、路基稳定创造良好条件。

(3)满足小城镇人居环境的要求

小城镇道路网走向应有利于小城镇的通风。北方小城镇冬季寒流风向主要是西北风,寒冷往往伴随风沙、大雪,因此主干道布置应与西北向垂直或成一定的偏斜角度,以避免大风雪和风沙直接侵袭小城镇;南方小城镇道路的走向应平行于夏季主导风向,以创造良好的通风条件;海滨、江边、河边的道路应临水避开,并布置一些垂直于岸线的街道。

(4)满足小城镇景观的要求

小城镇道路不仅用作交通运输,而且对小城镇景观的形成有着很大

的影响。所谓街道的造型即通过线形的柔顺、曲折起伏、两侧建筑物的进退、高低错落、丰富的造型与色彩、多样的绿化，以及沿街公用设施与照明的配置等，来协调街道平面和空间的组合，同时还把自然景色、历史古迹、现代建筑贯通起来，形成统一的街景，对体现整洁、舒适、美观、大方、丰富多彩的现代化小城镇面貌起着重要的作用。

(5)满足地面排水要求

小城镇街道中心线的纵坡应尽量与两侧建筑线的纵坡方向一致，街道的标高应稍低于两侧街坊地面的标高，以汇集地面水，便于地面水的排除。主干道如沿汇水沟纵坡，对于小城镇的排水和埋设排水管是非常有益的。

(6)满足各种工程管线布置的要求

随着小城镇的不断发展，各类公用事业和市政工程管线将越来越多，一般都埋在地下，沿街道敷设。但各类管线的用途不同，其技术要求也不同。如电信管道，要靠近建筑物布置，且本身占地不宽，但它要求设较大的检修人孔；排水管为重力流管，埋设较深，其开挖沟槽的用地较宽；煤气管道要防爆，须远离建筑物。当几种管线平行敷设时，它们相互之间要求有一定的水平间距，以便在施工时不致影响相邻管线的安全。因此，在小城镇道路规划设计时，必须摸清道路上要埋设哪些管线，考虑给予足够的用地，且给予合理安排。

(7)满足其他有关要求

小城镇道路系统规划除应满足上述基本要求外，还应满足：

①小城镇道路应与铁路、公路、水路等对外交通系统密切配合，同时要避免铁路、公路穿过小城镇内部。对已在公路两侧形成的小城镇，宜

尽早将公路移出或沿小城镇边缘绕行。

对外交通以水运为主的小城镇,码头、渡口、桥梁的布置要与道路系统互相配合。码头、桥梁的位置还应注意避开不良地质。

②小城镇道路要方便居民与农机通往田间,要统一考虑与田间道路的相互衔接。

③道路系统规划设计,应少占田地,少拆房屋,不损坏重要历史文物。应本着从实际出发,贯彻以近期为主,远、近期相结合的方针,有计划、有步骤地分期发展和组合实施。

5　新型城镇化下交通政策研究需要关注的趋势和问题

5.1　老龄化社会将改变未来交通出行的特征需求

5.1.1　我国老龄化社会发展趋势对交通需求的影响

人口老龄化是指一个国家或地区总人口中老年人口所占比重日益上升的趋势。按照联合国的定义,当老龄人口(65 岁以上人口)占总人口的比例达到 7%时,即进入老龄化社会。我国老龄人口比例已于 1999 年首次突破 10%,正式跨入老龄化社会的行列。目前,我国是世界上唯一 65 岁及以上老年人口过亿的国家,且增长快速。我国的人口结构将在 20 年内由原先的成年型变为老年型,进入老龄化社会。在发达国家,同样的转变通常需要几十年甚至是上百年时间。我国是“加速跑步”进入老龄化社会的,并且将在老龄化社会里跑步前进,老龄化社会城市交通出行特征和交通需求必将发生根本性变化。

老龄化社会里,老年人出行目的、出行量、出行时段、出行方式均将发生变化:

①出行目的。老年人退休后,因为参与工作的生存性出行减少,满

足个人或家庭的基本生活需要和精神、心理要求而采取的出行相应增多，如购物、探访或者参与其他社会生活等，所以其出行目的由生存性转向了生活性。

②出行量。随着年龄增长，身体产生退化，老年人的人均出行次数降低，同时单次的平均出行距离和时间也相应缩短。

③出行时段。老年人由于不用参与工作，没有时间上的硬性要求，加上对于交通拥挤的恐惧，所以老年人出行多选择在白天非高峰时间。此外，受季节和气候的影响，老年人的出行时间也有区别，气候好的季节和天气下，老年人出行率高，恶劣气候和天气下，老年人出行相对减少。

④出行方式。因为自行车和小汽车等出行方式对体力和个人的掌控判断能力要求高，随着年龄增长，老年人会逐渐放弃这些交通方式，而偏向于选择公共交通，有的老年人因为公共交通拥挤或者无法满足其需求，会选择步行。

因此，老龄化社会的交通需求对机动化、非机动化出行都形成了显著的影响。一是机动化出行效率降低。对于小汽车使用者来说，老龄驾驶者反应时间及视力下降，反应时间将增加50%以上，视力将下降40%，老年驾驶员的数量增加将使得道路和交叉口通行能力减小20%；对于公交车使用者来说，公交上下车时间将明显增加，调查显示老龄人平均上下车时间大约为3.5秒，比中青年人均耗时增加约一倍。二是对步行系统要求提升。步履蹒跚、拄拐、坐轮椅的出行状态在老年人群中概率较高，使得步行空间宽度增加，对路段的平顺性要求提高，目前步行空间的现状是小部分路段平整性差，不够人性化；此外，会对主要交通节点（交叉口、路段过街）产生影响，过街时间延长，交通安全性变差。

5.1.2 当前交通运输体系应对老龄化社会存在的问题

目前中国老年人交通状况不乐观，首先是道路拥挤，通行困难这样的全社会难题，对于老龄化社会交通会造成更大影响。老年人特有的生理、心理特征和出行行为模式，对城市交通系统提出了特殊要求。他们需要易于识别、控制和帮助他们轻松到达的无障碍的交通环境。但是目前国内城市现有公共交通系统并不能适应老年人出行特点和需求，还存在种种缺陷。轨道交通在公共交通运输方式中具备一定的优势，应该成为老年人的出行选择，但是由于轨道交通在设计时没有充分考虑老年人的特殊需求，导致老年人不得不面对获取交通信息的渠道少、信息辨识困难、搭乘不安全等问题。

交通运输体系的发展若不能前瞻地考虑到老龄化社会人口出行和流动特征，将会处于被动的局面。

5.1.3 我国老龄化社会交通政策应关注的几个方面

5.1.3.1 政策引导，保障老年人的交通权利

注重发挥政策导向作用，通过立法、学术研讨、编制指南等多种手段，保障老年人的交通权益，确保资金来源，引导公众和舆论。

5.1.3.2 提供方便的公共交通系统

①增加信息源的数量，为过往游客和老年人提供所需要的信息，引导老年人沿正确方向至公交点。

②强化信息传递的效果，根据通用设计之信息可识别性原则，为重

要的信息提供多重表达方式。如为车牌增加夜间照明装置,以此来方便老年人的出行。

③增加必要的公交换乘信息。

④采用低地板车辆以及配有导板、升降装置或屈膝装置的新型车辆,为老年人保留更多座位,车站提供遮盖物和长凳等多种措施,为老年人创造良好的乘车和候车环境。

5.1.3.3 打造宜人的步行交通系统

为老年人创造良好的道路交通环境,包括道路几何设计的改进、设立更多的信号灯、人行横道加宽、照明设施改善、交通标志和标识的调整等。其中,对现有符号标志重新进行调整、设计甚至新创,应使之具有符合老年人认知能力的特点,应做到:简单明了,符号标志组成要素之间距离大,使用形象化的符号,箭头、人体和车辆符号标准化,符号或文字使用填充形式,符号、文字与其背景色保持最大对比度。

5.1.3.4 建立安全的小汽车交通系统

①增加驾驶辅助系统。为老年人开发安全、易驾驶的车辆,通过应用人性化的操控系统和高科技手段来弥补老年人驾驶能力的不足,提高驾驶的安全性和方便性。

②建立针对老年驾驶员的培训和审验制度。

5.1.3.5 形成放心的特殊交通系统

做到无障碍设施的系统化、体系化,形成点、线、面结合,最终目标应达到“门到门”的服务,即从家门到目的地整个过程的无障碍,这涉及步行系统、场站设施以及运输工具科学、合理的设计。此外,还需在已有的出行系统外,提供特约出租、巴士等特殊交通方式。

5.1.3.6 强化老年人的交通安全意识

规范老年人的交通行为，对其进行安全知识教育，鼓励老年人参加体验型、实践型的交通安全教育，通过自身实际体验各种道路的交通环境、发生事故时的危险场面、在危险情况下如何考虑对策等过程，提高老年人的交通安全和自我防范意识。

5.2 交通技术革新构建新的交通生态系统

5.2.1 交通技术革新对交通生态系统的影响

交通技术革新正在快速推进，无人驾驶技术、无人驾驶列车、无人机已逐步由科技研发阶段进入商业拓展应用中，随着应用的推广，将对交通运输系统产生巨大影响。

目前，全球汽车行业正在针对未来交通和出行方式演变进行重要且激烈的讨论，引发讨论的正是一系列推动行业变革的驱动力与行业大趋势的聚合（见图5-1）。

创新技术正在改变汽车厂商研发和生产汽车的方式。电动车和燃料电池汽车能耗低、排放少、动力更强劲。全新轻量化材料能使汽车制造商在减轻车体重量的同时，又不牺牲乘客的安全性。技术上进一步的突破正推动自动驾驶汽车成为现实，无人驾驶汽车有望于不久的将来实现商业化。“车联网”迅速发展，车联网的创新在于将通信技术与物联网相结合、向驾驶者提供高附加值服务。遍布车身的电子控制模块和传感器，将有助于实现车车互联（V2V）及车与基础设施互联（V2L），车辆可以主动建议更改路线，避开道路危险，并在遇到事故时请求援助。很

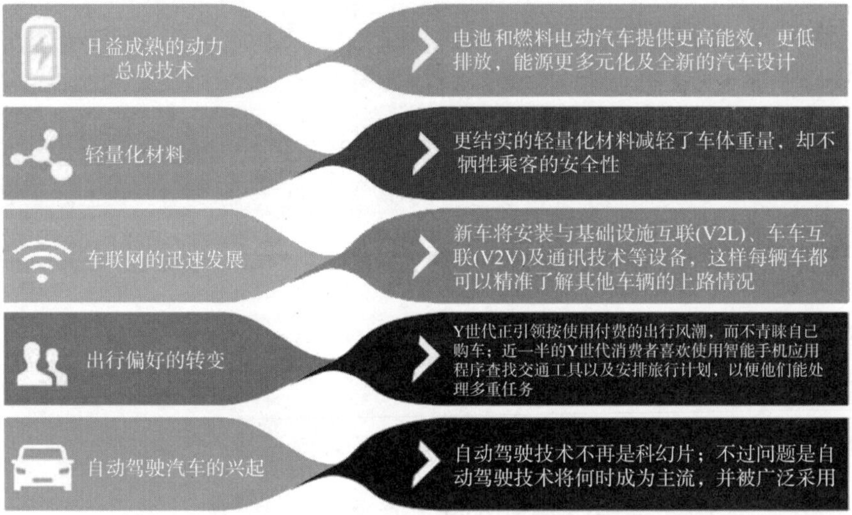

图 5-1　改变未来汽车交通及出行演变的聚合力量❶

快,汽车将能精准地得知它们与其他车辆的相对位置并且识别潜在的危险,从而事先采取措施以避免事故。同时,都市中的年轻人越来越倾向于按使用付费的个人出行消费模式,而不是选择缴纳一笔购车的预付款,这从根本上挑战了当前以私人拥有汽车为核心的消费模式(见图5-2)。

总之,一个历经百年且根深蒂固的体系正迎来重大变革,围绕个人出行的新型生态系统将孕育而生。自动化汽车的普及起初进展可能会比较缓慢,但不久之后将出现一个转折点,此后变革势头可能加速。

未来的交通可能会实现:交通事故锐减,自动化操作减少了人为错误引起的事故;交通堵塞缓解,容许两车之间距离更短的传感器以及能实时感知拥堵状况的导航系统能够避免拥堵;能源消耗减少,汽车的体积更小、重量更轻,动力系统更小巧、节能和环保;出行成本降低;收费便捷

❶ 资料来源:德勤分析。

准确,互联汽车技术让系统能准确地计算个人道路使用量;停车场需求减少,自动化驾驶和租车共享模式减少了对停车场的需求;违法减少,经过编程的自动驾驶汽车不准超速或在其他方面违反交通法;物流成本降低,随着长途运输卡车全自动化网络的发展,运行的时间更长,覆盖的距离更远,人力成本更低,因此送货速度更快,成本更低;多式联运无缝衔接,更卓越的系统互通性使消费者能通过多种交通方式从 A 点到达 B 点,多种模式互联,但配有统一的计费支付系统。

根据美国 IEEE 预测,到 2040 年,全球上路的汽车总量中,75%将会是无人驾驶汽车,交通事故减少 50%,通勤时耗及能源减少 50%,汽车使用数量减少 50%,车道宽度下降由 3.5m 下降为 1.5~2m。

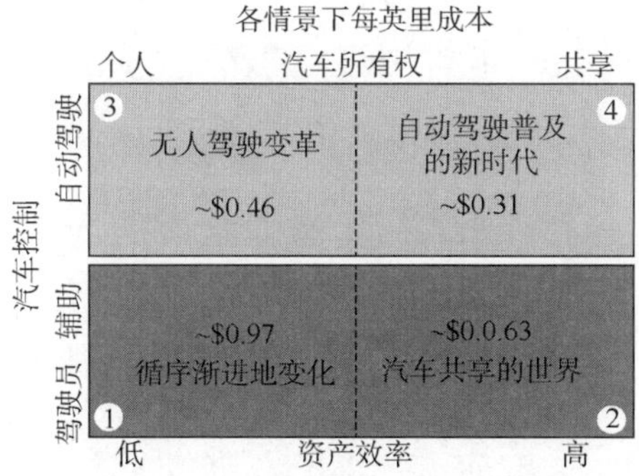

图 5-2 未来汽车交通及出行成本分析❶

同时,无人驾驶列车和无人机也在快速发展。据 IEEE 预测,无人驾驶列车将增加轨道系统承载能力,提高容量供给水平,全自动无人驾驶列车的通过能力较传统列车增加 20%,列车饱和度下降,乘客舒适性升高;无人机改变现有配送模式,无人机能够提高 30%配送效率,减少人力运力成本 40%。

❶ 资料来源:德勤分析。

纵观交通运输强国之路，都是借助工业革命的有利机遇，充分利用技术革新带来的交通进步，推动交通，占领交通运输发展的制高点。因此，当前及今后一个时期，研发应用现代技术、维护交通运输资产存量、保障交通运输安全、提高运输服务水平等，是世界交通科技发展的主攻方向。

5.2.2　当前交通运输体系应对新技术革新存在的问题

目前，对未来交通体系的发展有两派观点，其分歧点在于当前以私人汽车拥有权为核心、强调驾驶者对汽车操控的体系是否将继续维持不变，还是人们终将迈向汽车共享模式主导下的无人驾驶体系。行业内主流观点认为，如今的体系会按照有序的线性方式发展，当前的行业资产和基本结构将基本保持完整；而行业外，特别是产业界、投资界的观点认为，预计未来将出现一个转折点，带领行业迈向一个截然不同的未来，它不仅充满希望，并且将创造潜在的社会效益。

因此，对于面临新技术革新下交通运输行业的对策和选择，一种观点认为，行业将自然地逐步演变，进入未来交通体系，建议仍保留现有的根基，交通生态系统的重要参与者、主要资产和整体架构依然保持不变，着重于维持当前模式，小规模地测试变革；另外一种观点则认为，一个崭新的时代即将到来，完全自动化的汽车将全面普及，不久之后将出现一个转折点，变革劲头势不可挡，新进入者是转型的催化剂，不同于如今体系中的利益相关者，他们没有要保护的既得利益。

但无论是何种观点或者争议，世界都不会只有非此即彼的选择，要么完全进入无人驾驶汽车体系、按使用付费出行模式，要么根本不发生任何改变。相反，全新的个人交通生态系统很可能会因地域、人口状况和其他情况分布不均衡,并随着时间的推移阶段性地演变,城市群未来的交通政策需要关注并及时应对正在发生的变化。

从自动驾驶路试及逐步应用的过程中,我国城市群的交通政策已面临诸多挑战:

一是法律法规缺失。高度自动驾驶汽车上路面临法律法规的制约,需要进行相应的调整。

二是标准体系不健全。中国自动驾驶相关标准尚未完成制定,自动驾驶开发测试过程中大部分直接采用欧美的标准,存在与国内交通环境不匹配问题(如和交通基础设施的通信方式及协议,国外标准无法适用)。

三是交通设施、交通标志的设置及维护,与自动驾驶的需求存在较大差距。

四是道路基础设施不统一,识别困难。各种因素的不统一,导致所需要测试的样本量增加,也导致无法确定测试是否完全覆盖。

五是交通基础设施建设与自动驾驶汽车的发展缺少协调和统筹。当前交通基础设施建设和规划中很少考虑自动驾驶汽车的特点和需求,已经建设完成的交通设施数据较难获取(如交通灯信息),在自动驾驶汽车测试过程中,车企只能自己搭建测试环境。缺少交通基础设施的辅助,会给自动驾驶汽车造成困难。

同样,无人机等新技术也在合法飞行(无人机实名制、空域申请、云平台管理)、有照飞行、安全性(禁飞区域、飞行轨迹和状况监视)等方面亟待配套政策。

目前,我国对无人机需求与日俱增,随着我国中低空开放政策的进一步推进,我国无人机应用发展将迎来一个高速增长期。

据保守估计，目前中国无人机有 10 万架以上，然而，这些无人机基本上都处于没有监管的“黑飞”状态：飞行员没有资格证、没有在指定空域飞行、没有按照规定速度飞行。近些年来，多地发生多起由于无人机操作不当、未在指定空域飞行导致的民航客机避让、延误事件，对我国的民用航空安全造成了极大的安全隐患。

5.2.3 国外交通政策在应对交通技术革新方面的经验

5.2.3.1 抓住技术革命契机，推动交通行业崛起

美国交通发展历史是一部创新驱动的历史。美国紧紧抓住每一次技术革命的契机，促进了各种运输方式的及时发展、充分发展。19 世纪初，以蒸汽机为代表的技术革命，促成了美国水路运输的兴起和铁路运输的大发展；20 世纪初，内燃机技术的大力使用，使汽车的应用广为普及，美国公路运输得以迅速发展；第二次世界大战以后，航空技术日趋成熟，美国民用航空运输迅速崛起。21 世纪，信息技术快速发展，美国大力发展智能交通、推动科技创新、推行透明政府，全力推动交通迈上智能化发展的新台阶。

同样，日本也对交通技术领域的更新突破非常重视，从 80 年代中期到 90 年代中期相继完成了路车间通信系统（RACS）、交通信息通信系统（TICS）、宽区域旅行信息系统、超智能车辆系统、安全车辆系统及新交通管理系统等方面的研究，处于全球领先地位。

5.2.3.2 应对新兴交通技术，及时制定配套政策

2016 年 9 月 20 日，美国交通部发布《联邦自动驾驶机动车政策》（Federal Automated Vehicles Policy），为自动驾驶技术的安全检测和运用

提供指导性的监管框架。

该政策的发布对自动驾驶技术的应用和发展具有重要的意义。《联邦自动驾驶机动车政策》起草的过程中征求了广泛的意见,听取了各利益相关方的讨论。同时,交通部就这一政策征求公众意见,也计划每年对该政策进行修订。

该政策主要包括四个部分:

①自动驾驶机动车的性能指南,提出15项安全评估标准。

②明确了联邦和州政府不同的监管职责,强调了州政府监管的重要作用。

③美国国家道路交通安全管理局(National Highway Traffic Safety Administration, NHTSA)现行的监管措施。

④新的监管措施、有权机关和监管架构。

《联邦自动驾驶机动车政策》提出的15项安全评估标准(见图5-3)。

①数据记录和共享(Data Recording and Sharing)

②隐私(Privacy)

③系统安全(System Safety)

④机动车辆网络安全(Vehicle Cyber Security)

⑤人机切换界面(Human Machine Interface)

⑥耐撞性能(Crash Worthiness)

⑦消费者教育和培训(Consumer Education and Training)

⑧注册和确认(Registration and Certification)

⑨碰撞后表现(Post-Crash Behavior)

⑩联邦、州和地方法律(Federal,State and Local Laws)

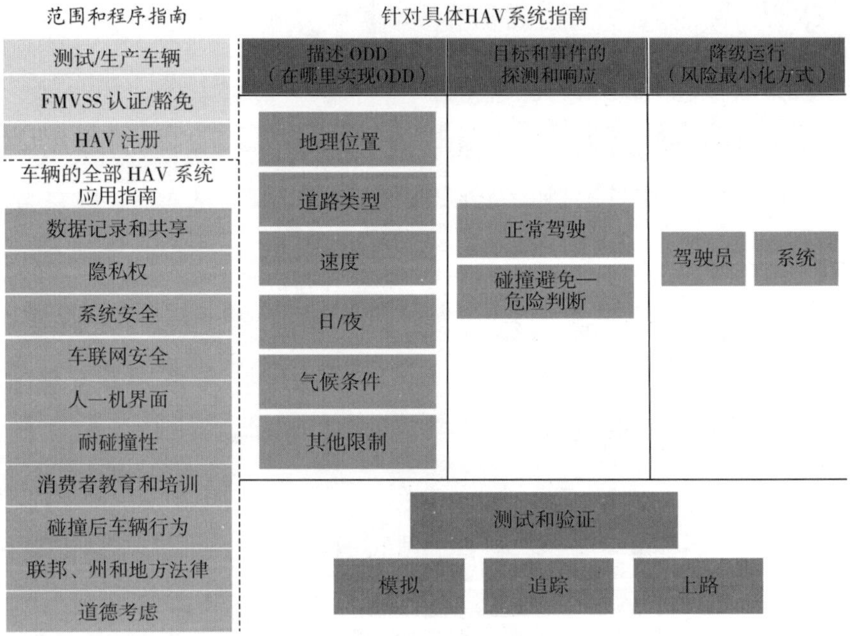

图 5-3　美国自动驾驶机动车政策框架

⑪道德考量(Ethical Considerations)

⑫操作设计领域(Operational Design Domain,ODD)

⑬物体和事件的探测和响应(Object and Event Detection and Response,OEDR)

⑭应急措施(Fall Back)

⑮检验方法(Validation Methods)

美国国家公路交通安全管理局自 2000 年以来,已支持开展了大量汽车自动驾驶的研究。《联邦自动驾驶汽车政策》出台是美国政府在推动高度自动化驾驶机动车(Highly Automated Vehicles, HAVs)发展和进行监管上迈出具有关键意义的第一步,会在世界范围内产生示范作用,刺激世界各国竞相研究制定发展无人驾驶汽车政策,并推动技术研发。

5.2.3.3 应对新问题,及时开展监管工作

以无人机为例,随着无人机的应用日益普及,由于无人机运行不当导致的事故越来越多。近年来,美国及欧洲的无人机监管政策陆续出台,对无人机的分类管理趋势已经比较清晰。

2015 年 7 月 30 日,欧洲航空安全局(European Aviation Safety Agency, EASA)颁布了 A-NPA2015-10《无人机运营规章框架说明》,为后续政策的颁布奠定了基础。《无人机运营规章框架说明》对于在直接目视范围内飞行、最大起飞重量小于 25 千克的开放类无人机提出了 11 条提案,内容涉及无人机监管技术手段(如使用地理围栏和识别技术等)、无人机市场监管手段(如遵守产品安全指令等)、限制(如无人机重量、空域等),以及风险意识、教育、训练和安全宣传等内容。对于此类无人机来说,无须适航审定,也没有针对运营商和飞行员的资质要求。该类无人机的安全性是通过运行限制、行业标准的贯彻、对某些功能的要求以及运行规则等途径来保证的,监管工作可由警方承担。

2016 年 6 月 21 日,美国联邦航空管理局(Federal Aviation Administration, FAA)颁布的 14CFR Part 107《轻型无人机系统》更是在规章层面上制定了轻型无人机运行监管要求。该规章规定了 55 磅(25 千克)以内轻型无人机在国家空域系统的运行要求。14CFR Part 107 由 A、B、C、D 四个分部组成,共 44 个条款,其中,A 分部为总则,B 分部为运行规章,C 分部为无人机驾驶员适航审查,D 分部为豁免。FAA 强调,14CFR Part 107 仅仅是无人机系统进入国家空域系统的第一步,FAA 预计后续的规章制定将考虑更大的无人机系统进入空域。14CFR Part 107 对于轻型无人机的监管可以分为对无人机驾驶员的监管及对轻型无人机飞行过程的监管。

5.2.4 交通技术革新中交通政策需要关注的几个方面

5.2.4.1 完善科技创新体系、提升科技管理水平

从国家层面对无人驾驶予以重视,国家对无人驾驶技术的研发和产业化应用做好顶层设计和科学规划。充分发挥政府的引导作用,发挥企业在技术创新中的主体作用,发挥科研机构、高等院校在科技创新中的主力军作用,发挥科技中介机构的桥梁和纽带作用,使科研开发与交通生产建设的结合更加紧密,逐步形成以市场为导向、以企业为主体、产学研相结合的多形式、多层次的交通运输科技创新体系。重视科技公共服务,加强政策研究和制度建设。围绕科技创新、能力建设、标准化、信息化等重点工作,完善交通运输科技管理制度,不断营造有利于交通科技发展的制度环境。

5.2.4.2 尽快修订和完善适应于新交通技术的相关法律法规

为无人驾驶技术的研发、测试和商业化应用提供制度保障;加快无人驾驶汽车相关技术标准及法律法规等方面的前瞻性研究;推动《道路交通安全法》的修改立法;推进无人驾驶汽车相关技术标准的建立和完善;积极组织开展无人驾驶汽车测试的试点工作;加快规划智能交通系统等基础配套设施,为将来制定无人驾驶汽车行业的国际标准争取更多主动权。

5.2.4.3 尽快研究制定适应于新交通技术的监管政策

我国应密切关注国际上的无人驾驶及监管政策的发展动态,结合我国自身特点,制定适应我国交通安全管理的相关法规,保障无人驾驶产业健康稳定持续发展。

5.3 基于互联网平台的共享经济将影响城市的未来

5.3.1 基于互联网平台的共享经济对交通的影响

由于互联网的影响,共享经济正在全面进入零售、制造、金融等各个领域,这些领域与交通领域的物流、交通设备、投资建设均密切相关。基于共享经济,将持续有新业态的产生和发展,给交通发展带来新的机遇和挑战。

一是共享出行作为共享经济圈中的一部分,已成为当下最火热的领域。目前,中国每年共享出行次数超过百亿,领先于世界共享出行行业。数据[1]显示,到 2018 年,中国仅汽车共享出行年市场容量有望增长至 3800 亿元,其中还不包括上百亿元市场规模的共享单车出行,而潜在出行需求带来的潜在共享出行市场容量有望达到 1.8 万亿元。

二是共享出行逐渐改变消费者的生活和出行习惯。与传统公共交通相似,共享出行体现于人们使用或者提供出行(汽车、单车、拼车等)服务。与公共交通不同的是,这种以服务为主的经济模式,其基础是分散的社会资源而非集中的大型基础设施。消费者可以在不必拥有交通工具所有权的情况下,通过互联网获得短时间内的使用权,获得最优化的出行方式。

三是共享出行是科技引领社会走向智能化的表现。互联网技术的普及与革新使得所有的人、交通工具和互联网全都实时相连。网络、智

---

[1] 罗兰贝格《2018 年中国汽车共享出行市场分析预测报告》,艾媒咨询《2017Q1 中国共享单车市场研究报告》。

能手机、定位服务不仅仅将地球缩小成了一个社区,同时也大大缩短了人们出行的距离和时间。

四是共享出行的方式补充了公共交通。相比传统的公共交通,共享出行通达性更强、不确定性更小,可以帮助客户实现点到点的出行;另外共享出行的等待时间更短,可以更灵活地控制安排时间;相较于公共交通,共享出行的夜间优势尤为明显。各种出行方式的对比见图 5-4。

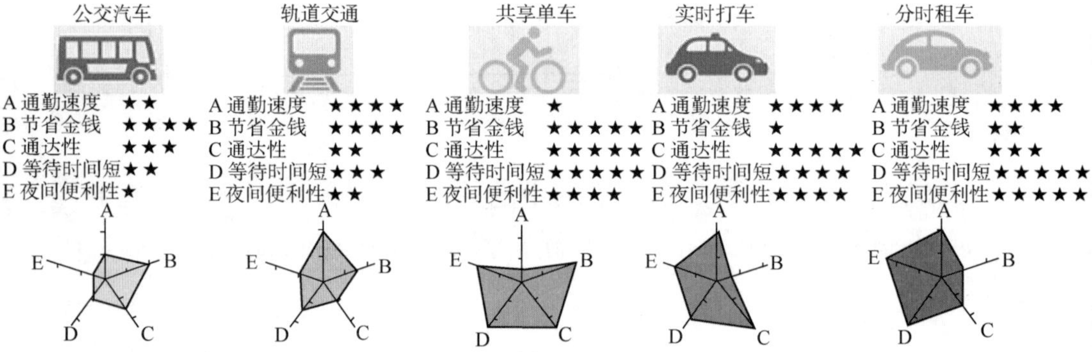

图 5-4　各种出行方式的对比

5.3.2　基于共享经济而衍生的共享出行面临的挑战

5.3.2.1　政府层面面临管理挑战

共享出行是基于共享经济而衍生的新生事物,从其诞生之日起就先天不足,既无明确的法律规定,也无监管的主体。在政府监管层面,由于监管主体对监管对象的认识需要经历一段时间,加之互联网行业带来的巨大生产力,政府对共享出行的监管仍在探索阶段。例如,滴滴打车等互联网打车软件兴起之初,对传统出租车管理方式提出了严峻的考验。一方面,传统出租车司机对网约车抢占市场与客户存在极大不满,通过上访等方式对政府施加压力；另一方面，传统的出租车管理方式不适应网约车的特点，有些地方将网约车作为黑车予以打击和禁止，引起公众不满，而对其安全监管则不到位。

城市执法管理难度较大。对于乱停乱放、侵占盲道等乱象，共享出行的交通载体所有权和使用权分离，企业拥有所有权，用户只有使用权，对其违章行为较难严格执法。从当前共享单车遇到的问题来看，共享单车数量庞大，需要出动大量执法队伍进行管理，消耗大量人力物力。

5.3.2.2 企业层面在资金管理、公共安全等方面存在隐患

一是在共享经济领域，特定的押金收取可以产生一定规模的资金池，如果押金资金的使用出现问题，很容易引发押金兑付危机。同时押金是否成为企业非法吸收公众存款的“合法外衣”、押金的利息归属如何确认，均有可能引发纠纷。

二是安全存在隐患，除了车辆本身的安全外，还有交通安全、数据安全、信息安全等各方面的隐患。

5.3.2.3 共享经济快速发展趋势下交通政策应关注的几个方面

在全球范围内，各国政府对共享经济的态度经历了从保守观望到开放支持的态度，我国面临共享出行快速发展的趋势，在制定交通政策时，需要和我国分享经济、分享出行发展的阶段相结合，因地制宜地制定分享出行政策，无论是倾向于欧日等国的积极推动还是美国的战略呵护，其立足点都应是促进分享经济、分享出行的发展，具体政策措施上可以关注市场准入、消费者保护、从业者保障等几个方面。

(1) 市场准入

就市场准入而言，无论是美国还是欧盟，都遵循了一个路径，即采取“底线”策略。所谓的底线策略就是用政府行为为分享经济划定一条底

线,在这条线之上的事情,分享经济都可以去做。这无疑是对分享经济的一种极大的鼓励。

欧盟通过两个措施,将分享经济的准入环节打通:其一,将参与分享经济的企业划入平台企业的范畴之内,有助于从根本上理清一些困扰分享经济发展的法律争议,如专车公司与司机是否属于雇佣关系等;其二,《欧盟服务业指令》全面适用于分享经济,这大大有助于消除现有法律对分享经济设置的准入门槛和壁垒,比如指令要求欧盟各成员国确保其服务市场的自由准入和非歧视待遇,最重要的是取消了跨区域经营企业须在营业地设立独立分支机构的要求,取消了对企业在其他成员国进行服务性经营须向当地政府报批的要求。

美国在准入环节上的表现多体现为地方政府的底线策略。科罗拉多州签署法案授权出行分享类服务的运行。加州公共事务委员会通过了一个法律框架,使得出行分享类的公司可以在该州境内合法运营。而奥斯丁、西雅图、华盛顿等市政府也出台政策明确允许出行分享类平台运行。

市场准入是企业能够开展业务的前提,如果市场准入条件非常高,那么能够进入市场展开竞争的企业将少之又少。当前全球分享经济发展中,市场准入障碍是一个核心障碍。我国应在市场准入方面开展深入研究,不断调整相关制度,以适应分享经济发展。

(2)消费者保护

分享经济自诞生以来引起普遍关注的是安全问题,而且是集中在对于消费者的安全保护上。为了解决该问题,我国应该从“管车、管人、管平台”三方面入手保障消费者权益。

例如英国将专车纳入《约租车法案》管辖,同时对专车的车辆进行详细的规定,包括车辆运行年限、年检等;对专车平台进行管理,要求其商誉良好,公司无破产等负面信息,公司管理层无不称职之处;对于司机也有严格要求,包括年龄要求、驾驶能力要求、身体健康要求以及没有违法、犯罪记录。同样,在美国芝加哥,也有相关条例对专车做出类似监管,间接保护消费者,包括车辆上要有显著标识,驾驶员年龄、驾照符合规定,驾驶员无犯罪记录、无吊销驾照记录并且完成平台培训,另外,专车平台应当对驾驶员信息进行公示,并且应当方便残疾人士使用。美国加州为了应对网络约车这种分享经济类型,从"管车、管人、管平台"三方面入手保障消费者权益。具体而言,加州公共事业委员会创设了一种新的公司类型,称之为"交通网络公司",此类公司不允许拥有用于开展服务的车辆,网络平台在加州运行仅需一个牌照;允许私家车接入;司机及车辆审核由 TNC 完成,TNC 对于司机的年龄、驾照、培训情况、背景调查、驾驶记录、保险等都有特殊要求,保障消费者安全。

总之,分享经济消费者保护的核心问题是安全问题。目前采用的监管模式是间接的事前监管,通过规范从业者和平台,保证消费者接受的服务或者产品的质量,从而保护消费者。消费者保护方面应摒弃"泛安全化"思维,应通过具体的制度设计解决相关安全问题,促进分享经济发展。

(3)从业者保障

如何监管分享经济的从业者,同时保证从业者的相关利益,也是分享经济政策的重要一环,而在这一环节中,比较有代表性的举措有两个:保险制度以及税收优惠制度。

欧盟提出要鼓励分享经济保险的发展。在英国以及美国芝加哥,要求平台在经营时提供保险,其中芝加哥要求强制保险。保险的目的在于,若发生交通事故,该保险能够对驾驶员进行赔补;或者针对驾驶员提起的诉讼或仲裁作出赔偿判决后,该保险能够先行赔付。保险制度从风险分担层面对从业者提供了保护。

经济的发展必然带来大量自雇劳动者。美国有自雇纳税人个人所得税减免政策,我国台湾地区对自雇劳动者有社会保险政府补贴制度,此类制度让分享经济从业者享有与其他劳动者同等的权益和保障。

我国应结合国情实际,建立适应于共享经济新业态的保险制度以及税收优惠制度,保障从业者。

市场准入、消费者保护、从业者保障等反映的本质监管思路是给分享经济放行,即无论分享经济发展的样态如何,尽量使分享经济能够在现今的体系下运行,同时抓住市场运行中可能出现问题的关键点,扫除障碍,为分享经济发展铺路。

5.4 大数据时代将推动交通运输的治理及服务模式的转型升级

5.4.1 大数据时代交通运输治理及服务模式

大数据时代是一个变革的时代。

伴随着大数据来源和体量的显著增加、应用技术和场景的迅速拓展,交通运输行业正在发生持续而迅猛的变革。交通运输大数据是由基础设施、运载工具、参与者等元素产生的,区别于通过传统渠道采集到的交通信息和统计报表,具有大体量(Volume)、多样性(Variety)、高速度(Velocity)、高质量(Veracity)、高应用价值(Value)等特征,难以使用传统数据体系结构进行处理。

交通运输大数据快速发展的根本原因在于数据体量的爆发式增长和数据来源从量变到质变的转换。一是交通运输系统的日趋完善、传感器和半导体相关技术的发展,使得收集和储存交通运输数据的成本不断降低,广泛分布于时空当中的数字轨迹被记录下来。二是众包分享的商业模式,使交通参与者直接联入网络,成为数据的生产者和消费者,极大地丰富了数据来源。三是大数据应用技术的快速更迭,使得数据的潜藏价值被挖掘出来,形成“双向驱动,相互激发”的局面。

交通运输大数据应用技术发展主要集中在四个方面:一是大数据预处理,即数据清洗和数据聚合,主要为了识别和去除噪音数据,优化数据结构;二是大数据存储,针对海量数据的高效存储问题,基于去中心化文件系统、分布式数据库的存储方式成为主流;三是大数据分析,包括监督式学习、数据融合、关联分析、聚类预测等数据挖掘技术;四是大数据可视化,包括数据转换和视觉转换,有助于形象的数据解释和决策支持。

大数据将成为交通运输行业治理与服务能力提升的关键引擎,呈现出以下发展趋势:一是利用大数据来源广泛、真实可量化、预测性强的特征,建设大数据支撑的科学决策与规划体系;二是基于大数据实时动态、广泛分布的特征,提高交通运输安全保障与应急处理能力,为隐患治理提供预警跟踪、众包治理等创新模式;三是推动数据融合、协同分析技术的发展,促进大数据互通互联、交叉融合,增强交通运输服务创新能力和市场监管能力。

5.4.2 大数据时代交通运输治理及服务存在的问题

5.4.2.1 数据获取、应用与隐私保护的问题

大数据的发展为交通运输规划与管理提供了更多的手段,但是在数

据获取、应用与出行者隐私保护之间存在矛盾也需要引起重视。例如，在大数据环境下，通过对出行者手机定位数据的深度分析，很容易了解某一区域范围内出行者的出发地、目的地、出发时间、选取路径，从而分析生成OD矩阵、高峰时间、高峰路段等交通规划与管理所需要的数据。但在对手机定位数据进行价值发掘的过程中，不可避免地会获取某个特定出行者常住地、常往地等隐私数据。交通大数据获取、应用与个人隐私保护之间的矛盾问题必须引起充分重视，通过立法保护个人隐私数据信息应是交通大数据发展的必由之路，保护数据的隐私信息是数据搜集者和分析者应当具备的基本道德和责任。

5.4.2.2　数据存储与分析技术的挑战

随着交通大数据发展，数据量快速增长，对数据存储与分析技术以及数据分析人才提出了挑战。

首先，大数据环境下，对交通运输管理部门、咨询机构以及交通运输企业存储、分析、传输交通数据的设备及软件都提出了更高要求。一方面，相关部门必须具备处理大量数据的能力，因为可能一天之内就要多次处理PB级的数据，这是一些传统的存储设备所不能胜任的；另一方面，传统的数据仓库软件是针对结构化数据设计的，而大数据包含的主要是非结构化的数据，因此必须改变传统的数据仓库软件；此外，还需要高速信息传输能力支持与低密度有价值数据的快速分析、处理能力。

其次，交通大数据时代对数据分析师的要求极高，所以培养既具备数据分析专业知识、又懂交通运输规划与管理基本理论的交通大数据分析人才必不可少。只有大数据专业化的人才，才具备开发分析应用程序模型的技能；只有懂得交通运输规划与管理基本理论，才能结合交通规划与管理的需求，更好地研究、挖掘隐藏在大数据背后的交通需求。在此基础上,进一步实现交通大数据可视化——将交通大数据分析结果转化为交通规划与管理能够使用的信息,使得交通工程师与社会公众等非数据分析专业人士能够充分理解交通大数据所表述的信息。

5.4.3 国外交通运输行业运用大数据的主要做法

5.4.3.1 数据融合,促进综合交通运输体系建设

一是降低不同运输方式的融合成本。许多国家或地区以数据融合为抓手,打破不同交通运输方式的隔阂,提高系统运行效率。例如印度政府结合大数据建立物流模型,在东走廊试点地区实现铁路、公路、水运等交通运输方式的数据融合,发展多式联运,使该区域的物流成本降低了2%~5%。与之相似,美国纽约港、比利时安特卫普港也以数据融合为抓手,促进多式联运和综合交通运输体系发展。

二是打破不同部门间的数据隔离。新加坡陆路交通管理局和IBM公司,结合行业合作伙伴地铁公司提供的乘车车票信息,以及由StarHub公司提供的基于通信信息聚合的乘客旅行信息,通过分析模型提供态势感知、影响预测等功能,改善公共交通系统,数据融合发挥了“1+1>2”的作用。另一方面,交通运输使用者的众包数据在快速发展,也为分布式数据融合带来了可能。例如,2007年美国密歇根交通部门综合众包数据和传感器数据搭建MiDrive道路信息发布系统,通过众包模式获取个人数据,结合天气、传感器数据,提供准确及时的道路信息。国际经验表明,通过调动各数据主体的积极性,突破组织主体的界限,有助于促进综合交通运输效率的提升。

三是实现存量数据和增量数据有机融合。新数据的入库不代表着

旧数据的废除,只有将新旧数据融合,才能最大化挖掘数据的价值。希腊塞萨洛尼基市将传统的静态传感器网络(如线圈、雷达、摄像头等)和动态传感器(覆盖车辆数超过1000辆的浮动车数据)相结合,同时引进Facebook等社交网络信息,实现对交通的实时监控,提供准确和灵敏的交通预测。

5.4.3.2 精益管理,支撑政府科学决策

一是以需求为导向,以数据为驱动,从“推动式”向“拉动式”转型,促使政府部门的“门面工程”转变为社会公众的“贴心棉袄”。韩国首尔市政府和运输研究所利用通话记录、短信、出租车行驶信息等数据,有效识别出午夜低收入工人回家常用的起止点,开通了9条从晚上9:00到次日凌晨5:00的定制巴士线路,使公交车平均运载总量提高10%,调查显示市区内42%居民得到了实际的好处。

二是用大数据分析代替纸面规划,推动决策由静态向动态、由泛泛向量化转型,对数据进行实时监测,并动态调整决策。以色列在特拉维夫和本古里安机场之间的13号公路上有一条1.61千米的快车道,此车道通过监控拥堵状态,动态调整车道的收费标准以实现对车道流量的反馈调节,从而在不增加总体收费负担的条件下有效减缓了交通拥堵。

三是顶层设计,统一标准,促进数据高效流通和产业优化布局。欧洲国家对此极为重视,德国各州法律规定,所有的信息系统必须使用由各州测绘部门提供的官方基本地形图,而该地形图坐标系统,包括地形地理信息采集和存储的标准是全国统一的。标准化大幅降低了产业价值链的信息成本,为从1到N的规模化经营和跨组织协同奠定良好基础。

5.4.3.3 精准服务,创新模式支撑发展

面对极其多样化的交通运输细分需求,提供精准服务极具挑战,只有当政府、企业、研究机构各司其职、各尽所能、相互配合时,交通运输服务模式创新才能产生最大的效益。

一是产学研结合,引入最新学术成果促进城市治理,为精准服务提供技术支撑。例如西班牙桑坦德市政府委托高校对其多元交通运输大数据开展分析和处理,将研究结果反馈给政府部门进行宏观调控,优化了能源使用、垃圾处理、草坪喷水等诸多问题的解决方案。

二是打造开放平台,群策群力满足居民精细化交通运输需求。例如芬兰首都赫尔辛基打造开放平台,调动市民力量参与到生态智慧创新体验之中,开放应用程序编程接口(API),提高交互操作的可达性,为应用程序开发提供数据接口,从程序设计上实现无缝衔接,并鼓励 Airbnb、Google 等国际企业和国内的 VTT 等公司共同参与城市生态建设。

5.4.3.4 安全监管,加强应急处理能力

通过分析灾害特点、明确监管需求、铺设新型检测设备、打通数据脉络,推动有效解决监管难题。美国阿拉巴马州交通部门利用大数据开发低可见性预警系统,有效减小大雾天气的连环撞车风险;加拿大不列颠哥伦比亚省通过大数据监测预测离岸事故、海啸和其他自然灾害;日本政府与各大汽车生产厂商合作利用大数据开展事故多发地点检测以及灾后快速救援工作。

大数据在交通运输治理服务中的应用还有很多,本节从组织主体和应用领域两个角度简要汇总了世界交通运输强国的大数据发展前沿和现状,为我国运用大数据提升交通运输治理和服务能力提供借鉴。

5.4.4 大数据时代交通政策需要关注的几个方面

5.4.4.1 创新制度设计,打破部门隔阂

实现不同层级不同维度的数据融合,才能最大限度地促进综合交通运输体系的高效优质运转,应不断创新制度,促进数据公共共享。例如美国依托交通局等机构开放多层次、多源头的交通数据,下设交通信息统计局等专业分析部门,并为访问者提供分地区、分时间、分出行模式的综合交通数据查询服务。

大数据收集单位成本低、分享成本更低,数据本身没有价值,只有挖掘和利用才会产生价值。建议通过打造整合铁路、公路、水路、民航等不同运输方式的大数据中心,依托标准体系建设和共享平台搭建,将大数据作为统筹协调的有力抓手,有利于在综合交通运输体系建设初期减少不同体系的融合阻力和利益纠葛,推动跨部门交流与联动。

5.4.4.2 运用系统思维,重塑治理模式

行业治理理念与模式需要与时俱进,引入系统思维和顶层设计,规避"只见其术,不闻其道"的技术功利导向或"局部优化,系统失衡"陷阱。大数据贯穿于政府治理的决策、服务、监管各个环节,只有经过系统规划和协同开发才能发挥最大效益,具体来讲包括以下 3 个方面:一是利用大数据多维度、来源广、可预测的特性建立数据支持的科学规划机制,支撑交通运输决策转型,提升系统统筹能力;二是建立数据收集、存储、分析的产业链,开发形象可视、动态响应的大数据管理工具;三是夯实信息安全基础,与高校、科研院所开展多层次、跨地域的合作,提升交通运输安全监管能力。

5.4.4.3 发挥市场作用,推动多元创新

交通运输行业管理者应树立“平台意识”,发挥市场主体作用,抛弃大包大揽的作风,转向搭建平台,汇聚多方智慧,打造生态系统,主动抓住大数据时代众包共享的特点,积极推动大数据平台化和标准化工作同时,完善利益分配机制和知识产权保护体系,充分调动企业和民众共同参与交通运输事业发展的积极性。通过市场手段满足人民群众不断细分的需求,从盲目追求“大包大办、一步到位”转变为从需求出发、用数据说话的“小步调整、持续改善”,使交通运输服务更有温度,联手“有效的市场”和“有为的政府”共同推进,构建公平普惠、便捷高效的交通运输服务新体系。

6 交通运输引导新型城镇化发展的思路及对策

6.1 发展思路

6.1.1 城市群

6.1.1.1 调整规划理念,科学合理编制交通规划

我国城镇化正进入加速时期,但地区差异巨大。以国家区域发展和城镇发展政策分区为基础,推行区域差别化交通发展战略。要站在科学发展观、区域整体观、空间发展观和城乡统筹观的角度,对自然、经济、资源、生态环境、区域规划和人口聚居等各种因素全面考虑、反复权衡,将交通规划的不同方案加以遴选、评价和修改,通过科学的程序,产生最佳方案。同时,加强交通规划与区域规划、土地利用规划、城市总体规划及详细规划等的密切配合与协调,促进规划的有机结合。

按照城镇与区域、城镇之间协调发展的要求,根据国家交通发展大区域(东部地区、中部地区、西部地区和东北地区)对其重点的交通发展对策进行分类总结和指导。考虑地区发展的差异性,对于东部沿海发达

地区，应逐步确立加强管理、提升潜能的规划理念，即借鉴发达国家的做法，在逐步完善各类交通走廊和城市群交通建设之后，应将提升管理效能、发挥基础设施潜能作为主要规划内容；中部地区应逐步确立进一步推动发展的规划理念，保证国家各大片区城镇之间要素自由流动。考虑到城镇化进程稍显缓慢，且综合承载力较强，应强调综合运输系统的规模快速扩张，加快满足东部地区产业梯度转移和东西部之间连接的需要；西部地区应注重发展与保护相结合，合理选定合适的方式、合适的布局原则和合理的运输功能结构。

6.1.1.2 推进规划立法，完善规划制度

为改变规划法律地位欠缺的问题，应大力推进综合交通运输规划法立法进程，确定区域规划的法定地位，通过区域规划确定交通设施的布局、走向和发展时序；通过区域规划，从技术上充分反映和协调区域内城市之间交通基础设施协调问题；建立规划与实施相分离制度；建立规划评估及督察制度；建立规划协调机制，主要包括推进国家、省级和市级综合交通规划与城镇体系规划建立协调机制，并着力推进城市综合交通规划与城市总体规划的协调机制。

6.1.1.3 根据产业结构布局，完善城市综合交通运输体系

城镇化的发展进程，也是我国工业化程度继续深化的过程。产业结构是城市空间优化的主导因素，产业结构的调整不仅能强化城市的辐射功能，而且还会引起城市功能系统在空间分布格局上的巨大变化。当城市产业结构由第二产业主导型向第三产业主导型发生转变时，生产方式也会相应地由劳动密集型向资本、技术密集型过渡，这种经济结构上的根本性转变将改变一个城市的交通需求规模和结构。城市群内的一个或几个城市发生产业结构调整，将会为整个城市群带来交通需求规模和

结构的巨大变化。因此,优化城市群内城市的产业结构和用地布局的协调发展,对城市内外的交通影响很大。

6.1.1.4 根据城市群发展阶段,协调和优化区域内各种交通方式

打破部门分割,建立区域交通一体化管理的协调机制。充分发挥区域资源对区域发展的作用,达到区域基础设施的共享,避免无序开发与恶性竞争,维护区域的可持续发展;突破属地化管理局限,建立公路规划建设、运行管理和信息资源共享等多方面的一体化管理定期协调机制;结合各种运输方式的技术经济特性,调整优化交通结构,统筹基础设施建设,如机场、港口、综合交通枢纽等,建立区域内城市间及部门间的协调机制,养护与运输服务协调发展,并从指导城市客运入手,逐步建立统一协调的城际班线和城市客运交通市场,杜绝恶性竞争。

6.1.1.5 改进行业管理,推动区域交通一体化

主要包括建立跨区域交通一体化管理协调机制和消除运输市场壁垒等举措,主要包括规划管理层面、建设管理联动、运行管理联动、信息管理联动等四个方面的一体化管理协调机制;针对城际和城市内部交通管理方面,应尽快落实交通大部制改革,将城市公交、出租、轨道交通运营以及城际班线运输等统一纳入交通运输部门管理,并实施统一票务、统一线路资源分配、统一市场准入管理和统一执法等管理改进。

6.1.2 中心城市

6.1.2.1 协调城市空间格局与交通网络战略布局

城市空间格局是城市大小和形状及其城市范围内各种土地利用活

动的空间分布，与城市交通系统的线网布局结构相辅相成。一方面，交通系统线网布局应当以土地利用空间格局为基本立足点；另一方面，城市土地利用则一般是沿交通线网布局，有利于引导城市土地利用空间格局更加合理。

英国学者杰·麦克尔-汤姆森于1970年针对不同的城市结构提出了解决城市交通问题的5种战略，包括强中心战略、完全机动化战略、弱中心战略、低成本战略和限制交通战略等，不同的发展战略与不同的用地结构、城市形态相适应，同时考虑了城市的社会经济发展状况和经济承受能力。

人多地少的矛盾决定了我国中心城市比较适合采用限制交通的战略。应从城市空间布局战略层面大力提倡土地混合使用，服务设施布局分散，疏散中心城区过度集中的人口与就业岗位，以限制交通发生量。

6.1.2.2 推动土地利用与交通系统的一体化规划

城市土地利用与交通系统的一体化规划是建立可持续的城市交通运输系统、解决交通问题的关键。从城市规划的角度，实现合理的城市结构，实现高密度的土地利用和就业岗位与居住布局协调一致的用地形态，保留适当的绿地、公共空间和城市有机体生长发展的余地至关重要；从交通系统的角度，提供与交通需求特性相一致的、能够支撑城市空间发展战略实现的综合交通系统，使其对城市结构和用地形态进行反馈和引导，是城市健康发展的根本保证。

城市土地利用与交通系统的一体化规划具体分为5个阶段：城市形态、土地利用与交通系统的宏观互动反馈和调整阶段；城市形态、土地利用与交通系统的微观互动反馈和调整阶段；与土地利用相协调的道路网络规划阶段；与土地利用相协调的综合交通系统规划阶段；实施规划阶段。其中前两个阶段的主要任务是从交通系统的角度对城市结构和土地利用进行评价、反馈和调整；之后两个阶段的主要任务是解决城市综合交通系统对城市结构和土地利用规划的支撑以及对给定的城市结构和土地利用条件下的交通需求的满足问题；最后阶段是规划的实施问题。

6.1.2.3 发展公共交通导向的城市土地开发(TOD)模式

城市土地利用模式与城市交通模式之间存在着一种客观的互动反馈关系，两者相辅相成。不同的城市土地利用模式要求不同特点的城市交通模式与之相适应，集中高密度开发城市产生大量的交通需求且高度集中于城市中心区，必将导致拥挤的交通，从而要求公共交通这种高运载能力的交通模式与之相适应；反之，分散低密度的土地利用模式必然导致自由的交通模式，如小汽车交通模式。同样，城市交通模式的改变会引起空间可达性变化，改变土地利用特点，如轨道交通引起土地利用高密度集中开发，而小汽车交通模式则导致土地利用的低密度分散开发。两者之间的任何不协调发展，都会引起严重的城市交通问题。

目前我国中心城市交通系统正处于向机动化方向转化的过程中，根据城市土地利用模式特点选择与之协调的交通模式对城市交通问题的解决尤为关重要。西方国家学者提出的土地利用模式主要有 PP(步行邻里街区开发模式)、TOD(公共交通导向型开发模式)、TND(传统邻里开发模式)等，其中公共交通为导向的土地开发模式(Transit Oriented Development，TOD)比较科学合理，应用较为广泛，也更适合我国中心城市的发展要求。

TOD 模式的核心内涵是沿着公共交通走廊布置城市组团，以公交车站为门户，公共广场及商业、服务设施围绕车站布置，形成社区中心，周围布置居住及其他用途的土地。TOD 模式下城市土地混合使用特点突出,职住较为均衡,并且城市组团的尺度使得组团内部出行在自行车、步行范围内,各个组团之间的出行能够方便地使用公共交通,从而降低对小汽车的依赖和不合理使用。

6.1.2.4 建立交通建设管理的科学决策机制

交通基础设施是固定资产,一旦建成将对城市形态造成深远的影响;交通管理措施则直接影响城市的交通运行状况,进而影响城市居民的直观感受和城市的整体经济活动。建立交通建设管理的科学决策机制,有利于交通系统良性、可持续发展,为中心城市的高效运转打下坚实的基础。

建立科学决策机制,首先要求建立完善的综合交通运输法律体系,各级交通管理部门与相关主体在法律允许的范围内各司其职;其次要求明确规范公众参与决策的渠道,在进行重大规划与决策前征求公众意见;第三要树立深入调查、严肃研究、谨慎决策的工作机制与作风,避免"拍脑袋"决策。

6.1.3 小城镇

6.1.3.1 提高认识、转变观念,重视小城镇交通的发展

小城镇在新型城镇化发展中具有重要的战略地位。然而,在国内,关于小城镇交通问题的关注相比大中城市和农村交通问题的关注要少很多,而且有关小城镇交通问题解决的重心也多集中于基础设施项目建设层面,难以全面支撑我国宜居、特色小城镇的发展目标。因而,要发挥交通在构建美丽城乡、特色宜居小城镇的作用,各地政府部门必须提高认识,重视小城镇交通发展的问题,在发展的主导思想上逐步实现从"以

车为主、数量扩张”向“以人为本、绿色集约”转变，从“求大、求新、求经济路径、模式单一化”向“多元化、综合化、特色化”转变，并为小城镇交通服务和发展提供稳定的政策、资金保障。

6.1.3.2 针对各类小城镇的特征需求，因地制宜，找准交通发展定位

我国有2万多个小城镇，每个小城镇都有着各自的特点，都走着自己的发展之路，因此需要进行深入的基础研究，梳理出各类小城镇空间、产业集聚和交通发展的功能、特征，针对各类小城镇发展的实际需求，把握交通发展的定位，制定适应自身发展的交通战略和分步走的实施纲要，既要有一定的适度超前，又要有实施的可操作性。切忌盲目求大，无序发展。

6.1.3.3 加强规划，系统完善小城镇交通基础设施体系

合理规划建设对外通道，加强小城镇与交通干线、交通枢纽城市的连接；加快国省干线公路升级改造，提高中小城市和小城镇公路技术等级、通行能力和铁路覆盖率；调整城市结构，外迁或改造过境公路，使过境交通与城镇内部交通分离；协调交通与产业发展的关系，加强交通对于小城镇经济活力的贡献；协调交通和土地利用规划，构建合理的城市结构和土地利用模式；规划、设计和建造有利于小城镇特色的交通设施，加强小城镇内部道路基础设施的建设，改善交通条件，提升服务水平。

6.1.3.4 公共交通优先，补齐短板，建立公平合理的小城镇交通结构

以公共交通为主体，多种交通方式为补充，创造安全、便利、高效的多元化小城镇交通体系；保证现有设施的服务能力，充分发挥各种交通方式的优势，在满足交通需求的同时，提高交通服务水平，最大限度地降

低城市交通环境负效应和能源消耗;为不使用小汽车的出行者提供安全和便利的设施,实现交通公平;优先发展城乡交通一体化,积极探索经济可承受、服务效果好的城乡客运一体化发展模式。既要在有条件的地区积极推进城乡客运一体化,又要在边远贫困地区开通客运班车,并使之“开得通、留得住”,实现城乡基本公共服务一体化。

6.1.3.5 建立现代化的小城镇交通管理机制,提高小城镇交通的服务管理能力

通过科学合理的小城镇交通管理,规范道路交通秩序,提高交通安全水平,最大限度地提高道路交通基础设施的利用效率,从而提高小城镇交通体系的供给水平,缓解交通拥挤。如完善交通标志、标线和信号控制等交通工程设施,加强停车场的设置与管理,加强城镇居民的交通安全教育等。

6.2 重点任务

6.2.1 城市群

重点针对不同发展阶段、类型特征的典型城市群,提出区域间、区域内部的交通发展思路与重点。

6.2.1.1 东部地区城市群

加快京津冀、长三角、珠三角地区的区域内中心城市间和区域对外运输通道的容量、方式、配置和服务功能等的提升和优化;围绕一些特大城市、中心城市构建相关的区域性交通圈层体系和便捷的口岸集疏运体系;优化城市群城际轨道交通布局和建设,在主要城际通道上尽快修建

城际轨道，形成网络，与高速公路网一道形成区域性经济干线走廊；另外，视公路运输需求，进行高速公路改扩建或新建城际高速公路，同一交通走廊内，合理安排城际轨道和高速公路的新建或改扩建；重点解决特大型城市人口、产业向周边中小城市有机疏散的交通系统建设，建设快速便捷的通勤、旅游客运专线和货运交通体系；根据经济社会发展的客观需求，新建与改造相结合，对区际骨干交通网进行必要的加密，提高运输能力，满足需求；通过价格补贴、公路收费等政策措施，引导公路集约化客运，形成合理的城际客运模式，同时有条件地开展客货分开、快慢分开、长途与城际分开，更好地发挥交通基础设施的效率。

6.2.1.2 中西部地区城市群

加快推进中部地区的基本网形成；加强以省会为中心的综合交通枢纽建设；重点建设长株潭、武汉和中原城市群的网络化公路交通体系；积极推进城市群内城际轨道交通规划建设，提高核心城市人口容量和服务半径。

适度超前建设西部地区的对外交通网络，打通“断头路”，扩大运输通道能力，增加新的运输通道，消除瓶颈制约，缩短路网在东中西不同区域建成的时间差距；中西部一些城市群的快速道路系统已形成一定的规模，应在此基础上，通过快速道路系统和轨道交通系统的建设，完善城市群的交通体系，进一步促进城市群的形成；改善兰州、西安、成都等区域中心城市的交通枢纽功能，重点依托航空和铁路系统加强区域内部核心大城市之间的交通联系以及与其他城市间的辐射和互补能力；加强西北和西南之间的能源通道建设；加快陆路门户城市和边境交通枢纽城市与后方腹地的集散公路通道建设；减少或控制高速公路在小城镇的开口数量；开展国省道“穿心”城市的绕行改造，提升中小城镇居民生活品质。

6.2.2 中心城市

6.2.2.1 促进对外交通与城市交通的良好衔接

加强机场、火车站、长途汽车站、客运码头等综合交通枢纽与轨道交通、公交系统的统筹规划建设,促进对外交通与市内交通的无缝衔接和零距离换乘。

加强城市外围公路与城市道路的设计标准和管理体系衔接,合理布设城市对外交通出入口,方便进城出城车辆,结合外围公路网规划,合理引导过境交通,减少过境交通对城市内部交通和城市环境的影响。

6.2.2.2 建立层次化的公共交通系统

在中心城市特别要强调轨道交通线路的建设,近期可以以公交快车线路(直达快车线路和大站快车线路)过渡。中心城市公共交通系统应分为三个层次:第一层次为轨道交通为主的城市中心与副中心之间的强大客运走廊建设;第二层次是城市中心和副中心与郊区中心以及郊区中心之间的轨道交通或市级地面公交快车线路;第三层次是组团级的公交普通线路。在建立层次化公交系统的基础上,推进普通公交路权优先和信号优先,尤其是在高峰时期的路权和信号优先。

6.2.2.3 疏解城市交通压力

通过小汽车牌照拍卖,加强停车管理等方式,提高小汽车的购买和使用成本,通过经济手段缓解私人机动化交通增长过快带来的城市交通压力。

6.2.2.4 推动多式联运发展

促进多式联运中转设施合理布局,推进集装箱标准统一和港口

EDI、货物跟踪等技术应用。提高沿海中心城市港口的铁路集疏运能力，加快发展铁水联运、江海联运、公水联运；内陆中心城市加快发展公铁联运。

6.2.2.5　完善城市配送系统

促进城市配送中心合理规划布局，提高配送能力，降低配送成本。加大与其他部门的沟通协作，解决物流配送车辆的限行问题，消除城市配送管理瓶颈。引导城市配送信息系统建设，促进共同配送，提高城市配送效率。

6.2.3　小城镇

6.2.3.1　大城市周边的城镇

①大城市周边小城镇交通功能规划应突出与大城市功能对接，以及区域功能统筹，促进城市和小城镇互动发展。

②大城市周边小城镇交通规划应体现“大都市区一体化”的思想与规划理念。大城市郊区小城镇交通发展战略及规划应与大城市城镇体系发展战略相融合，以大城市城镇体系规划为指导，体现“大都市区一体化”的思想与规划理念。依据大城市区域分工，把握符合自身经济发展规律的战略、方针、政策及职能定位，加强自身经济发展内在动力，促进大城市城乡区域发展经济。

③大城市周边小城镇交通基础设施规划应依托和衔接大城市及其区域基础设施。

④大城市周边小城镇交通规划，应从大城市区域生态系统的良性循环考虑，注重生态理念。在大城市城镇体系规划中，大城市郊区小城镇及其农村是整个大城市生态环境的屏障，在生态城镇建设中起着十分重

要的作用。郊区小城镇交通规划建设注重生态理念,加强生态环境保护,有利于整个大城市区域生态系统的良性循环。

6.2.3.2 经济发达、城镇密集地区小城镇

①经济发达、城镇密集地区小城镇交通规划需与产业布局、城镇空间规划、用地规划等统筹考虑。

城镇密集地区小城镇非农产业发展较快,第二、三产业均比较发达,产业和人口相对密集;城镇之间人流、物流、信息流交往频繁,相互联系紧密,在与核心城市的双向互动和其他小城镇的分工协作中,形成集群优势,共同参与国际、国内竞争;经济社会发展水平较高,各项设施建设走在全国前列;对农村的带动作用和服务能力均较强,城乡关系朝着良性互动方向发展。

城镇密集地区的密集首先来源于产业的高度密集,产业的聚集带来人口的增长,引发服务业的需求,进而拉动产业继续发展,形成良性循环。在这些城镇密集地区的小城镇,均出现了产业和人口高度密集的态势,形成了城镇连绵发展的状态。如:珠江三角洲地区,人口密度接近1000 人/平方千米,区域内共集中了近 30 个各级城市,400 个建制镇,城镇平均间距不足 10 公里,密度超过 100 个/万平方千米,平均每个建制镇人口超过 3 万人,其中虎门、长安等镇人口高达 60 万~70 万人。小城镇沿海岸与珠江口成马蹄形分布,大致可分为内、外两环,初步形成了深圳—东莞—广州—佛山的城镇连绵区。

在城镇密集地区,随着经济和社会的发展,资金、技术密集的金融、保险、研发等功能不断向具有资本、人才以及信息优势的核心城市集中;劳动力和资源密集型的生产加工产业则主要流向劳动力和自然资源相对较丰富、成本较低的小城镇,并且按照规模效益的原理在一定区域内

形成聚集。小城镇与核心城市在职能与产业的分工的不断深化中,形成更高层次的协作,呈现核心城市带动的双向互动发展,小城镇之间也有明确的专业化分工,形成产业集群发展优势。

这些双向互动的产业发展趋势对城镇密集地区内不同发展阶段小城镇的交通规划有着不同的要求,但其要求又和整个城镇密集地区的总体发展是一致的。因此,作为连绵发展地区城镇整体及其产业集群的重要组成部分的城镇密集地区小城镇,其交通规划必须以其区域规划为指导,以突出与核心城市发展双向互动,突出区域交通一体化,服务产业一体化,实践城乡统筹科学发展观。

②经济发达、城镇密集地区小城镇的交通规划,应突破行政区划限制,与更高层次的区域交通规划统筹整合,促进相关城镇之间产业的合理分工与横向联合,实现协同发展,建立与区域块状经济相适应,与区域交通走廊、重要区域交通设施一体化优化配置的规划理念。

如沪宁、沪杭城镇密集地区小城镇依托上海及其区域建设重大基础设施和交通走廊,实现周边小城镇规划建设的跨越式发展。又如,广、深、珠高速公路以及珠江三角洲轨道交通网络的规划建设,将珠三角东西两岸的400余个大中小城镇联为以广州为核心的统一整体,构成珠三角两小时经济圈。

③经济发达、城镇密集地区小城镇的交通规划应突出分级配置,同时,要考虑相邻服务范围及外来人口的需求,包括不同等级城镇的分级配置和同一小城镇的分级配置,以实现城镇密集地区不同城镇及其分布条件下、不同等级交通基础设施的合理配置及其在不同范围的资源共享。

6.2.3.3 其他不同地域不同类型小城镇

①因地制宜规划,与发展环境经济相协调。

其他类型小城镇的交通规划,无论哪一种类型、哪一种发展模式,都应遵循生态规划原则,特别要避免一哄而上的粗放型建设与发展模式,坚持因地制宜,重视利用环境资源,发展以环境资源为依托的环境经济,节约资源,保护生态环境。

我国边远省份的小城镇大多经济落后,但保有大面积的绿色生态环境,为发展生态农业、畜牧业和旅游提供很好条件。如内蒙古的额尔古纳市所属乡镇、新疆的阿勒泰市红墩镇,前者与瑞士的雀巢品牌结盟,后者与上海光明乳业合作,利用生态良好的牧场发展无污染的牛奶及奶制品业;新疆小营盘镇依托牧草业,广西东门镇依托甘蔗延伸产业链。交通规划要适应当地的产业特征,促进当地生态农业、畜牧业和旅游发展,也要注重环保。

②注重服务于特色产业,合理引导相近产业的集中融合规划。

其他类型小城镇的交通规划,要立足当地小城镇的发展实际,服务于产业结构调整的需求,结合本地资源,环境条件,发挥比较优势,促进小城镇培育、发展与区域经济相适应的特色产业。通过发挥合理的交通引导作用,促进产业分布的协调,把发展特色产业同建设小城镇结合起来,更好发挥产业的集聚效益。

③培育壮大陆路边境口岸城镇,加快陆路门户城镇和边境交通枢纽发展,促进沿边开放和能源通道建设。

后　　记

在交通运输部领导下，交通运输部政策研究室、交通运输部综合规划司、交通运输部规划研究院和交通运输部科学研究院组成的"'十三五'期交通运输引导新型城镇化发展思路及对策研究"联合课题组，深入调查新型城镇化背景下交通发展的需求和问题，准确把握城镇化发展中交通运输发挥的功能与作用，结合理论研究和国外经验，提出了未来我国各类城市群、中心城市、小城镇发展的原则、思路和工作重点，在发展理念、规划特点、工作机制、交通管理等方面进行了大量创新性分析论证，对研究编制我国交通运输发展规划具有指导意义和参考借鉴作用。本书是课题组成员共同努力调查、思考、研究的成果。同时，本书在调研、专家访谈、座谈等过程中，获得了各地交通行业主管部门、行业内专家的帮助和指导，课题组全体成员对此深表谢意。

2018年6月

参 考 文 献

[1] 刘士林,刘新静. 中国城市群发展报告 2016. [M]. 上海:东方出版中心,2016.

[2] 姚士谋,周春山,王德,等. 中国城市群新论[M]. 北京:科学出版社,2016.

[3] 刘维奇. 中国人口老龄化城乡倒置现状及其与城市化的相互影响[J]. 农业现代化研究,2014,35(2):134-139.

[4] 桑百川. 新常态下中国经济的矛盾与出路[J]. 北京工商大学学报(社会科学版),2016,31(5):1-7.

[5] 夏青. 新型城镇化过程中小城镇环境污染治理对策[J]. 低碳世界,2017(8):28-29.

[6] 毛海虓,黄瑾. 美国面向老龄社会的城市交通对策以及对中国的启示[J]. 国外城市规划,2006,21(4):90~92.

[7]《我国交通运输对标国际研究》课题组我国交通运输对标国际研究[M]. 北京:人民交通出版社股份有限公司,2016.

[8] 交通运输部政策研究室. 大数据时代提升交通运输治理能力和服务水平的国外经验借鉴[R]. 2017.

[9] 德勤. 未来汽车—交通技术和社会趋势如何构建全新的商业生态系统[R]. 2016.

[10] 陈燕中,陈思凯. 美国政府《联邦自动驾驶汽车政策》解读与探讨[J]. 综合运输,2017(1):37-43.